PETER ZUDEICK

VERBRANDT, VERKOHLT UND AUSGEMERKELT

Vom Ende deutscher Kanzlerschaften

WESTEND

Mehr über unsere Autoren und Bücher:
www.westendverlag.de

Die Deutsche Nationalbibliothek verzeichnet diese Publikation in
der Deutschen Nationalbibliografie; detaillierte bibliografische Daten
sind im Internet über http://dnb.d-nb.de abrufbar.

ISBN 978-3-86489-338-4
© Westend Verlag GmbH, Frankfurt/Main 2021
Satz: Publikations Atelier, Dreieich
Umschlaggestaltung: Buchgut, Berlin
Druck und Bindung: CPI – Clausen & Bosse, Leck
Printed in Germany

INHALT

Da macht ein Hauch mich von Verfall erzittern.
Georg Trakl, Verfall

VORWEG

Die Ära Merkel geht zu Ende. Und man fragt sich, was diese Ära ausgemacht hat, ob es überhaupt eine war oder eher ein Irrtum. Genau wie das von Adenauer bis Schröder bei jedem Kanzler vor Merkel gefragt wurde. Was allen gemeinsam ist: Irgendwann ist der Lack ab. Selbst die erfolgreichsten Kanzlerschaften enden in Deutschland irgendwie mit schalem Beigeschmack. Angela Merkel hat auf eine weitere Amtszeit verzichtet, weil der Rückhalt in den eigenen Reihen immer mehr bröckelte. Und nach einem Jahr Pandemie scheint der Vertrauensverlust immer größer zu werden. Es wird wohl kein triumphaler Abgang werden.

Damit reiht sie sich prächtig in die Geschichte deutscher Kanzler ein. Konrad Adenauer, bis heute einer der beliebtesten deutschen Politiker, wurde am Ende ziemlich rüde von den eigenen Leuten aus dem Amt gedrängt. Vor allem auch, weil er partout nicht gehen wollte und jeden möglichen Nachfolger für unfähig hielt. Besonders Ludwig Erhard, den Adenauer bis zuletzt mit rigiden Mitteln zu verhindern suchte. Was er damit erreichte: Erhard, als Wirtschaftsminister unbestrittener Publikumsliebling, galt von Anfang an als Übergangslösung. Er scheiterte nach drei Jahren – an der eigenen Partei.

Sein Nachfolger Kurt Georg Kiesinger wollte zuerst nicht so recht, auch weil ihm – wie Erhard – von vornherein das Etikett

»Übergangskanzler« angeheftet wurde. Er löste Erhard während der Legislaturperiode ab und wurde nach drei Jahren großer Koalition abgewählt, weil der Koalitionspartner SPD mit der FDP weiterregieren wollte. Sein Nachfolger Willy Brandt wurde Opfer von Intrigen und Hinterhalten seiner eigenen Leute, denen die Guillaume-Affäre gelegen kam, um Brandt zum Rücktritt zu drängen. Helmut Schmidt ging es ein bisschen wie Erhard: beliebt beim Publikum, mehr und mehr umstritten in der eigenen Partei und schließlich aus dem Amt geputscht – vom Koalitionspartner Genscher, Arm in Arm mit Helmut Kohl.

Kohl war fast schon gescheitert, als ihn die deutsche Einheit rettete. Aber er versäumte es – wie Konrad Adenauer –, einen Nachfolger aufzubauen. Als alle schon fest davon überzeugt waren, dass Wolfgang Schäuble Kanzlerkandidat werden würde, startete Kohl noch mal durch und verlor die Wahl 1998. Es folgte der Absturz in die Spendenaffäre.

Gerhard Schröder brachte es fertig, in seiner zweiten Amtszeit geradezu um seine Abwahl zu betteln: Ohne Not stürzte er sich in Neuwahlen und verlor. Auch hier war der schwindende Rückhalt in der eigenen Partei – Stichwort Agenda 2010 – ein wichtiger Anlass für den Niedergang.

Mit Merkels blassem Abgang schließt sich der Kreis: Trotz anhaltend guter Umfragewerte war sie nach der Flüchtlingskrise 2015 und wachsender Kritik aus den eigenen Reihen nach deutlichen Verlusten der Unionsparteien bei den Landtagswahlen in Bayern und Hessen 2018 so zermürbt, dass sie auf CDU-Vorsitz und eine weitere Kanzlerschaft verzichtete. Auch hier bröselt und bröckelt es, wie bei allen ihren Vorgängern ist auch im Ende von Merkels Kanzlerschaft der Wurm drin.

Wenn man also genau hinschaut, gibt es so gut wie keine »normale« Kanzlerschaft in Deutschland seit 1949. Aber was hieße »normal«? Ein Kanzler wird gewählt, amtiert eine oder zwei Legislaturperioden, wird abgewählt oder tritt nicht mehr an. Und zwar weil die Arbeit getan ist, weil Ziele erreicht sind, und nicht weil alles schon den Bach runtergeht, weil das Ende kein Abschluss, sondern ein quälend langes Siechtum ist. Eine solche »Normalität« hat es in der Bundesrepublik nie gegeben. Gelegentlich skurril, wie deutsche Regierungschefs in ihre Amtszeiten starteten, vor allem aber die Enden waren alles andere als normal.

Was auch daran liegt, dass Bundeskanzler nicht gewählt werden. Nicht vom Volk. Das Wahlvolk wählt die Mitglieder des Bundestages. Und der Bundestag wählt – »auf Vorschlag des Bundespräsidenten« – den Bundeskanzler. Der nicht einmal Mitglied des Bundestages sein muss. Diese Konstruktion ist ein Reflex auf die Erfahrungen mit der Weimarer Verfassung. Der Reichskanzler wurde vom Reichspräsidenten ernannt, also »von oben« bestimmt. Die Mütter und Väter des Grundgesetzes wollten genau das nicht mehr: Der Regierungschef sollte gewählt werden, und zwar von den Vertretern des Volkes. Aber eben nicht vom Volk selbst.

Der Präsident darf zwar nur vorschlagen, ist darin aber grundsätzlich frei. Er könnte also auch irgendeine nach seiner Meinung geeignete Person vorschlagen. Nur würde die vom Bundestag wohl kaum gewählt werden. Also muss er sich mit den Fraktionen verständigen, was im Klartext heißt, dass er den Kandidaten, die Kandidatin vorschlägt, die ihm von den Mehrheitsfraktionen vorgeschlagen wird.

In der Praxis hat das zu dem verbreiteten Irrglauben geführt, das Wahlvolk würde tatsächlich den Kanzler, die Kanzlerin wählen. Die erste Bundestagswahl 1949 folgte noch streng dem Buchstaben der Verfassung: Es gab keine Kanzlerkandidaten, nur Parteien. Die hatten zwar herausragende Vertreter, aber keiner war »gesetzt«. Die Parteien wurden gewählt, und die Fraktionen, die sich zu einer Regierung zusammenfanden, wählten im Parlament einen Regierungschef. Das ist repräsentative Demokratie in Reinkultur.

Aber schon die Wahl 1953, erst recht die 1957, war eine Abstimmung über die Person und die Politik Adenauers, »eine Art Volkswahl des Bundeskanzlers«.[1] Dolf Sternberger spricht schon zu Beginn der 50er Jahre von »Kanzlerdemokratie«[2], Thomas Ellwein definiert sie zehn Jahre später so: »Die Kanzlerdemokratie ist durch die Verfassung möglich geworden, dass sie entstanden ist, liegt am Wirken Dr. Adenauers.«[3] Und der Adenauer-Biograf Hans-Peter Schwarz erklärt Adenauer schlicht zum »Erfinder des Konzepts der Kanzlerdemokratie«.[4] Das Ergebnis dieser Entwicklung: In das Repräsentationsprinzip schleicht sich ein plebiszitäres Element ein, das wiederum den Irrglauben befördert, der Kanzler werde vom Volk gewählt.

Ein Irrglaube, der von führenden Politikern seit Konrad Adenauer immer wieder be- und verstärkt wurde. Und das zieht wiederum einiges Unbehagen nach sich, wenn ein Kanzler während der Legislaturperiode ausgewechselt wird, also ohne dass das Wahlvolk gefragt wird. Das war immerhin bei vier von sieben Kanzlern – Adenauer, Erhard, Brandt, Schmidt – der Fall. Eine beachtliche Quote.

Wie jemand Kanzler/Kanzlerin wird und wie die Kanzlerschaft aufhört, das ist jedenfalls eine Geschichte, die der Rheinländer »krumm und knubbelig« nennen würde. Und mit einem Rheinländer fing ja alles an.

DER GRÜNDERKANZLER – KONRAD ADENAUER

In der Liste der wichtigsten deutschen Politiker nach 1949 liegt Konrad Adenauer zuverlässig an der Spitze, meist Kopf an Kopf mit Willy Brandt (Allensbach 2009). Im ZDF-Ranking der 100 größten Deutschen (2003) steht er auch auf Platz 1. Vor Martin Luther, Karl Marx und den Geschwistern Scholl. Willy Brandt belegt Platz 5. Dass Adenauer der erste Bundeskanzler der Bundesrepublik wurde und es lange blieb, erscheint auch heute noch vielen selbstverständlich. Das war es aber keineswegs.

Zwar war Adenauer eine der Persönlichkeiten, die den politischen Neuanfang nach 1945 entscheidend mitgeprägt haben. Er gehörte zu den Gründern der CDU, wurde 1946 Vorsitzender der CDU Nordrhein-Westfalens und 1948 Präsident des Parlamentarischen Rates, des Gremiums, das das Grundgesetz der Bundesrepublik Deutschland ausarbeitete. Das hatten CDU und SPD so ausgekungelt: Carlo Schmid wurde für die SPD Vorsitzender des Hauptausschusses, Adenauer Präsident.

Beide Seiten waren davon überzeugt, dass der Präsident eher repräsentative Aufgaben haben würde, der Hauptausschuss-Vorsitzende aber die Richtlinien der Politik würde bestimmen können. »Der alte Fuchs war auf einen Ehrenplatz gehievt worden«[1], das glaubten und hofften nicht nur SPD-Leute[2]. Auch führende CDU-Vertreter, vor allem im Wirtschaftsrat, waren der Meinung, dass der alte Mann (Adenauer war damals

72) alsbald in den verdienten Ruhestand geschickt werden sollte. »Wir werden Adenauer als Präsidenten vorschlagen«, soll ein CDU-Politiker gesagt haben. »Er ist für die aktive Politik zu alt, aber für einen solchen repräsentativen Posten geeignet.«[3] Franz Josef Strauß erinnert sich, dass man auch im Frankfurter Wirtschaftsrat der Meinung war, »dass man dieses Amt Adenauer für einen ehrenvollen Abschied aus dem politischen Leben überlassen wolle, für einen honorigen Wechsel in das politische Rentnerdasein«.[4]

Auch für Adenauer selbst hatte es zunächst den Anschein, als würde die Rechnung der SPD und einiger CDU-Politiker aufgehen. In einer Sitzung der Unions-Fraktion (November 1948) beschwerte er sich darüber, dass Carlo Schmid im Hauptausschuss »alles unter sozialdemokratischer Flagge laufen« lassen wolle.[5] Aber es stellte sich bald heraus, dass die Militärgouverneure nicht mit den Vertretern der politischen Parteien verhandeln wollten, sondern lieber mit dem Repräsentanten eines Gremiums, das vom Volk legitimiert war. Und das war nun mal der Parlamentarische Rat, dessen Abgeordnete von den elf Länderparlamenten der drei Westzonen gewählt worden waren. »Damit war seinem Präsidenten eine entscheidende politische Schlüsselstellung zugefallen. Für die Öffentlichkeit und für die Besatzungsmächte wurde er damit zum ersten Mann des zu schaffenden Staates, noch ehe es ihn gab«[6], resümierte Carlo Schmid, der die Postenverteilung im Rat später als »entscheidenden Fehler«[7] der SPD bezeichnete.

Das heißt freilich nicht, dass damit die Kanzlerschaft Adenauers schon ein Selbstläufer gewesen wäre. Der SPD-Vorsitzende Kurt Schumacher war 1949 einer der bekanntesten und beliebtesten deutschen Politiker. Er hatte im Ersten Weltkrieg den rechten Arm verloren, war in den 20er Jahren SPD-Abgeordneter im Reichstag, wurde als entschiedener Gegner des

Nationalsozialismus von den Nazis verhaftet, saß in mehreren Konzentrationslagern und war nach dem Zweiten Weltkrieg der Inbegriff des charismatischen Kämpfers gegen die Nazis und gleichsam eine Symbolfigur eines neuen Deutschlands. Viele glaubten, dass er mit seiner Partei die erste Bundestagswahl gewinnen würde. Allerdings trauten dem schwer kranken Mann nur wenige zu, die Strapazen einer Kanzlerschaft auf sich nehmen zu können. Dem alten Konrad Adenauer allerdings genauso wenig.

Aber da war Carlo Schmid, fast genauso alt wie Schumacher, aber rund 20 Jahre jünger als Adenauer. Im März 1949 war Schmid der Held einer Titelgeschichte des »Spiegel«. Überschrift: »Zum Herrschen geboren«. Tenor: Schmid ist der Mann der Zukunft in der SPD, das hat Schumacher begriffen. »Es lag in Schumachers Konsequenz, den Aufstieg des Gleichaltrigen zu dulden, so schwer der Abschied von einer an Ehren und Niederlagen reichen Vergangenheit auch fallen mochte. Und so widerwillig er den Genossen und Funktionären bewusst wird.«[8]

In der eigenen Partei war Schmid umstritten, aber als Kanzler einer großen Koalition – die Schmid befürwortete und anstrebte – wäre er auch für die Genossen denkbar gewesen. Der Wahlkampf für den ersten deutschen Bundestag findet zwar ohne »Kanzlerkandidaten« statt. Zum ersten und einzigen Mal werden die Menschen nur aufgefordert, Abgeordnete für den Bundestag zu wählen – ohne die imaginäre Option, auch den Kanzler zu wählen. Trotzdem war klar: Adenauer und Schmid waren die zwei Männer, die allgemein für fähig gehalten wurden, Regierungschef der zukünftigen Bundesrepublik zu werden.[9] Schmid selbst war eher nicht dieser Meinung.

Aber nach der ersten Bundestagswahl sah es kurzfristig so aus, als hätte er doch noch seine Chance. Die Unionsparteien lagen mit 31 Prozent knapp vorn, die SPD kam nur auf enttäuschende 29,2 Prozent – eine große Koalition erschien vielen als logische Konsequenz. In beiden großen Parteien. Und so war auch Carlo Schmid als möglicher Kanzler wieder im Gespräch. Für Adenauer dagegen war klar: Er wollte Kanzler werden, fast um jeden Preis. Und er wollte keine Koalition mit der SPD. In dem Punkt war der SPD-Vorsitzende einer seiner eifrigsten Helfer. Kurt Schumacher hatte kategorisch erklärt, dass die SPD nur dann mit der Union regieren wollte, wenn sie die Wirtschaftspolitik bestimmen könnte. Das war für Adenauer undenkbar. Er war überzeugt, dass die Sozialdemokraten, die er im Wahlkampf noch als Sozialisten, Kommunisten und Moskauhörige beschimpft hatte, eine sozialistische Planwirtschaft anstrebten.

Freilich war »Sozialismus« nicht für alle seine Parteifreunde so klischeehaft besetzt wie für ihn. Schon beim »Reichstreffen« der verschiedenen lokalen und regionalen CDU-Sektionen im Dezember 1945 in Bad Godesberg war eine wirtschafts- und sozialpolitische Entschließung verabschiedet worden, in der ein »Sozialismus aus christlicher Verantwortung« vertreten wurde. »Dem Sozialismus gehört die Zukunft« hieß es 1946, und das Ahlener Programm vom Februar 1947 erklärt: »Das kapitalistische Wirtschaftssystem ist den staatlichen und sozialen Lebensinteressen des deutschen Volkes nicht gerecht geworden.«

Man müsse nun davon ausgehen, »dass die Zeit der unumschränkten Herrschaft des privaten Kapitals vorbei ist.« Unter anderem fordert das Ahlener Programm die Vergesellschaftung von Monopolunternehmen vor allem in Schlüsselindustrien.

Über Stellenwert und Bedeutung dieses Programms ist viel gestritten worden. Die einen halten es für eine »Jugendsünde« der CDU, geschuldet einer allgemeinen antikapitalistischen Stimmung unmittelbar nach dem Krieg; andere sehen darin die

»Magna Charta der Union«; wieder andere verweisen auf seinen Charakter als »Aktionsprogramm der CDU der britischen Zone«. Mitentscheidend für die Entstehung des Ahlener Programms sind freilich taktische Überlegungen Konrad Adenauers. Sein Ziel war, die Vertreter des »christlichen Sozialismus« – vor allem Johannes Albers vom rheinischen Gewerkschaftsflügel und Jakob Kaiser von den Berlinern – einzubinden und zu neutralisieren.

Als das Ahlener Programm diese Rolle gespielt hatte, wurde es kurzerhand durch die von Ludwig Erhard inspirierten »Düsseldorfer Leitsätze« zur Wirtschaftspolitik ersetzt. »Soziale Marktwirtschaft« und »Christlicher Sozialismus« vor allem im Sinne der rheinischen Christdemokraten wären programmatisch möglicherweise miteinander zu vereinbaren gewesen. Aber angesichts der Entwicklungen in der Sowjetischen Besatzungszone empfanden CDU-Politiker im Westen es mehr und mehr als taktisch unklug, mit dem Begriff »Sozialismus« überhaupt noch zu operieren. Also hieß die Marschroute vom Juli 1949 an: »Soziale Marktwirtschaft«.[10]

Für Adenauer waren Programmfragen ohnehin Machtfragen. Er hatte gesehen, dass das Ahlener Programm zu nahe an den Vorstellungen der SPD war, dass die CDU bei den Wahlen zum ersten Bundestag ein deutlich anderes politisches Profil brauche. Das fand er in Erhards Konzept.

Allerdings musste er noch viel Überzeugungsarbeit leisten, um die eigenen Leute von seinem Weg zu überzeugen. Wie er das geschafft hat, wie er sich selbst zum Kanzler gemacht hat, ist ein Musterbeispiel für die taktische Finesse, aber auch politische Rücksichtslosigkeit Adenauers.

Mögliche Aspiranten auf das Kanzleramt aus den eigenen Reihen schaltet Adenauer aus, indem er ihnen wichtige Posten verspricht. Hans Ehard, Ministerpräsident Bayerns, soll Bun-

desratspräsident werden. Jakob Kaiser bietet er ein Ministeramt an, Erich Köhler das Amt des Bundestagspräsidenten.
Dann müssen noch einige einflussreiche Ministerpräsidenten
überzeugt werden, die für eine große Koalition und/oder gegen einen Kanzler Adenauer sind. Peter Altmeier (Rheinland-
Pfalz), Karl Arnold (Nordrhein-Westfalen), Gebhard Müller
(Württemberg-Hohenzollern) und Leo Wohleb (Baden) regieren in ihren Ländern mit den Sozialdemokraten und sind entschieden für eine große Koalition auch im Bund.

DIE RHÖNDORFER KAFFEETAFEL

21. August 1949, eine Woche nach der Wahl. Konrad Adenauer
hat die wichtigsten Köpfe von CDU und CSU zu einer »Kaffeetafel« in sein Haus in Rhöndorf »zu einer Aussprache« eingeladen. »Ich wählte meine Wohnung als Sitzungsort, damit wir
möglichst wenig ausgehorcht würden.«[11] Wobei »Kaffeetafel«
stark untertrieben war. Adenauer hatte opulent auffahren lassen, ein üppiges kaltes Buffet, Köstlichkeiten, die in der kargen
Nachkriegszeit selten waren, dazu allerfeinste Weine. »Hervor
kam das Edelste vom Edlen, Weine, wie ich sie in meinem Leben noch nie getrunken hatte«, notierte Franz Josef Strauß.[12]
Strauß, damals CSU-Generalsekretär, gehörte zu den Unter-
stützern Adenauers, genauso wie Ludwig Erhard und Theodor
Blank und Adenauers enger Vertrauter Robert Pferdmenges.

Aber Adenauer hatte nicht nur Gleichgesinnte um sich ge-
schart. Unter den Gästen waren auch die Ministerpräsidenten
Altmeier und Müller, dazu einige Landesminister, auch der
hessische Finanzminister Werner Hilpert, ebenfalls ein Befürworter einer großen Koalition. Adenauer wollte also nicht nur
mit Freunden und Vertrauten plaudern, sondern auch Gegner

der von ihm geplanten kleinen Koalition in seine Pläne einbeziehen.

Die legte er gleich zu Beginn offen. Erstens: Marktwirtschaft, »eindeutige Bejahung der sozialen Marktwirtschaft im Gegensatz zur sozialistischen Planwirtschaft«, also auf keinen Fall eine Koalition mit der SPD. »Der Wille der Wähler hat klar und eindeutig gegen ein Zusammengehen mit der SPD sich ausgesprochen. Man würde den Sinn einer politischen Wahl verfälschen, wenn nach diesem erbitterten Kampf sich die beiden großen Gegner des Wahlkampfes zusammenfinden würden, um eine Regierungskoalition zu bilden.«[13] Es ist zwar nicht so einfach, die Runde gegen eine große Koalition einzustimmen. Aber Adenauer hat vorgesorgt. Den entschiedensten Verfechter einer Zusammenarbeit mit der SPD hat Adenauer nicht eingeladen: NRW-Ministerpräsident Karl Arnold. Und er hat zwei Tage zuvor in einem Gespräch mit dem bayerischen Ministerpräsidenten Hans Ehard die CSU auf seine Seite gebracht. Die CSU, so konnte er berichten, würde auf keinen Fall einer großen Koalition zustimmen.

Zweitens: Anders als erwartet schlägt Adenauer keine Drei-Parteien-Koalition wie im Frankfurter Wirtschaftsrat vor, sondern allen Ernstes eine Minderheitsregierung mit der FDP. Allerdings überzeugen ihn seine Gäste im Verlauf der Besprechung, dass ein Dreierbündnis mit der Deutschen Partei das Regieren leichter machen würde. Adenauer stimmt dem zu, trotz seiner Bedenken gegen die DP, weil sie »völlig ins nationalistische Fahrwasser abgerutscht«[14] sei.

Drittens: Die Kanzlerfrage. Wie genau Adenauer seine Selbsternennung zum Kanzlerkandidaten eingefädelt hat, darüber gibt es verschiedene Versionen. Einige erinnern sich, dass Adenauer erklärt habe, man habe ihn »aus Parteikreisen« gebeten, sich zur Verfügung zu stellen.[15] Adenauer erinnert sich

so: »Ich war überrascht, als einer der Anwesenden meine Ausführungen unterbrach und sagte, daß er mich als Bundeskanzler vorschlage. Ich sah mir die Gesichter an und meinte
dann: ‚Wenn die Anwesenden alle dieser Meinung sind,
nehme ich an.‘«[16]

Tatsächlich berichtet der CDU-Mann Hermann Pünder, einer
der Anwesenden, *er* habe während der Diskussion Adenauer als
Kandidaten vorgeschlagen. Allerdings *nachdem* dieser erklärt
hatte: »Man hat mich dazu vermocht, mich für die Stellung des
Bundeskanzlers zur Verfügung zu stellen. Ich bin trotz meiner
Jahre grundsätzlich bereit.«[17] Im stenografischen Protokoll von
Staatspräsident Müller liest sich das etwas anders. Danach
lehnt Adenauer abermals das Amt des Bundespräsidenten ab.
»Die wichtigste Persönlichkeit ist der Bundeskanzler. (…) ich
will Kanzler werden. Ich bin 73 Jahre alt, aber ich würde das
Amt des Kanzlers annehmen.«[18] Er weist auf seine Autorität in
der britischen Zone hin, auf seine »Erfahrung in staatlichen
Dingen und in der Verwaltung«, und schließlich: »Ich (…) habe
stärkere Ellbogen, als ich früher geglaubt hätte.«[19]

Und um Einwänden wegen seines Alters vorzubeugen, fügt
Adenauer hinzu: »Ich habe mit Professor Martini, meinem
Arzt, gesprochen, ob ich in meinem Alter dieses Amt wenigstens noch für ein Jahr übernehmen könne. Professor Martini
hat keine Bedenken. Er meint, auch für zwei Jahre könne ich
das Amt ausführen. Keiner erhob Widerspruch. Damit war die
Sache beschlossen.«[20]

Das ist eindeutig: Konrad Adenauer erklärt sich selbst zum
Übergangskanzler sozusagen als Preis dafür, dass er nominiert
wird. Ob die Rhöndorfer Runde das so realisiert hat oder ob sie
schlicht reingelegt worden ist, steht dahin. Jedenfalls stimmen
die Teilnehmer am Ende des Rhöndorfer Treffens der Selbsternennung Adenauers zum Kanzlerkandidaten zu.

Das Kaffeekränzchen bei Adenauer war zwar kein formelles Parteigremium, aber das Votum war eine wirksame Vorfestlegung. Der Adenauer dadurch einen quasi offiziellen Stempel zu geben versuchte, dass er zwei Tage später in einer Pressekonferenz in Bonn die Öffentlichkeit über seinen Coup informierte, am selben Tag das Votum der CDU-Fraktion des NRW-Landtags und Ende August die Zustimmung einer Konferenz der Spitzenpolitiker der CDU der drei Westzonen und der CSU in Bonn einholte. Den Vorsitz in beiden Gremien, die für solche Entscheidungen nicht zuständig waren, hatte Konrad Adenauer.

Die Entscheidung des einzig zuständigen Gremiums, der gerade gebildeten CDU/CSU-Fraktion im Bundestag am 1. September 1949, war nach dieser Vorarbeit eher eine Formsache. So war Adenauer: Lieber in Kungelrunden Fakten schaffen, als sich auf Wahlen zu verlassen.

Die Kanzlerwahl im Bundestag allerdings verlief dann doch nicht so glatt. Trotz einer deutlichen Mehrheit im Bundestag wurde Adenauer am 15. September 1949 mit nur einer Stimme Mehrheit zum Bundeskanzler gewählt. 402 Abgeordnete hatte der erste Bundestag, die absolute Mehrheit betrug also 202 Stimmen. Genau die bekam Adenauer, also nicht alle Stimmen der künftigen Regierungsfraktionen (208). Und statt der angekündigten zwei, drei Jahre blieb er 14 Jahre im Amt.

Das war er also, der Beginn der ersten Kanzlerschaft der Bundesrepublik Deutschland. Es rumpelte ganz schön, und am Ende siegte der Mann mit dem größten Durchsetzungsvermögen. So wie der Anfang war dann im Wesentlichen auch die ganze Kanzlerschaft: Mit seinem »Husarenstreich«[21] von Rhöndorf legte Adenauer das Fundament für seine künftige Politik und stellte gleichzeitig das Muster seines politischen Handelns vor: Gekennzeichnet von Alleingängen eines eigenwilligen, machtbewussten alten Mannes, dem – in aller Regel – der Erfolg Recht gab. Er hat die meisten seiner großen Erfolge genau so errungen: durch Alleingänge, beharrliches, selbstbewusstes, ja egozentrisches Verfolgen seiner Ziele. Gegen Widerstände und, wenn es sein musste, im Widerspruch zu eigenen Überzeugungen.

Und es gab eine Menge zu organisieren in der frisch gegründeten Westrepublik. Es galt, das Land im Inneren zu stabilisieren, die Wirtschaft anzukurbeln, die Souveränität Deutschlands zurückzugewinnen, Europa aufzubauen. Adenauer wollte die Westbindung, die Wiederbewaffnung, die Aussöhnung mit Israel, und die CDU folgte ihm.

Die beachtlichen Erfolge der ersten Kanzlerschaft Adenauers führten dazu, dass die Frage nach einem Nachfolger immer leiser gestellt wurde. Zwar haben Unionspolitiker schon 1949, faktisch »vom ersten Tag der Kanzlerschaft Adenauers an«[22], Ausschau nach einem Nachfolger gehalten, der möglichst evangelisch sein sollte. Unter anderen war Hermann Ehlers, der 1950 als Nachfolger von Erich Köhler Bundestagspräsident wurde, im Gespräch.[23] Aber irgendwie schaffte Adenauer es, die Nachfolge zu einem Tabuthema zu machen.[24] Zum einen durch überzeugende Erfolge, zum anderen durch Neutralisierung möglicher Kandidaten.

Der Wahlerfolg von 1953 beendete dann alle Nachfolgedebatten – zumindest vorläufig. Die Union hatte mit 45,2 Prozent der Stimmen die absolute Mehrheit nur knapp verfehlt. Alle, die dem »Alten« einen Sieg bei der Bundestagswahl nicht zugetraut hatten, waren düpiert. Adenauer-Biograf Hans-Peter Schwarz: »Von jetzt an wagte man nur noch hinter vorgehaltener Hand die Frage zu stellen, wann ein Kanzlerwechsel aus Altersgründen nötig werden könne. Richtungskämpfe mit Stoßrichtung auf Adenauer waren nun für lange Zeit ausgeschlossen.«[25]

Für allzu lange Zeit freilich nicht. Manche in der Unionsfraktion machten sich schon Gedanken darüber, ob man bei der nächsten Wahl (1957) wiederum mit dem Kandidaten Adenauer antreten wolle. Der wäre dann immerhin 81 Jahre alt. Ohnehin war die öffentliche Nachfolgedebatte nicht zu verhindern. Im Herbst 1955 zwang eine schwere Lungenentzündung Adenauer zu fast zwei Monaten Bettruhe, und danach war kein Halten mehr.

Am 26. Oktober erschien in der »Welt« eine umfangreiche Analyse, wonach schon nach dem Tod des Hoffnungsträgers Hermann Ehlers im Oktober 1954 die Diskussion um einen Nachfolger wieder aufgelebt sei. »Aus dem Führungsgremium heraus legte man Adenauer nahe, in einer Aussprache im kleinen Kreis die Frage des Kronprinzen zu klären.«[26] Adenauer lehnte ab. Fritz René Allemann, Verfasser des berühmten Buches »Bonn ist nicht Weimar«, schrieb in der Zeitschrift »Der Monat«: »Die ihn kennen, sind überzeugt, dass er nie anders denn unter unabweisbarem Zwang das Steuer aus der Hand legen werde. Sie wissen auch etwas anderes: dass er keinerlei Neigung bezeugt, von sich aus einen Anwärter auszusuchen oder auch nur einem von ihnen seine besondere Gunst zuzuwenden«.[27]

Im Gespräch für die Nachfolge waren NRW-Ministerpräsident Karl Arnold, Bundesfinanzminister Fritz Schäffer, Außenminister Heinrich von Brentano und Wirtschaftsminister Ludwig Erhard.[28] Was immer Adenauer von diesen »Kandidaten« gehalten haben mag: Er selbst hielt sich für unersetzlich. Was allerdings nicht nur seinem Altersstarrsinn geschuldet war. Er traute seinen Zeitgenossen einfach nicht über den Weg. »Nutzen Sie die Zeit, solange ich noch lebe, wenn ich nicht mehr bin, ist es zu spät – mein Gott, ich weiß nicht, was meine Nachfolger tun werden, wenn sie sich selbst überlassen sind«.[29] Der

»Spiegel«-Journalist Lothar Rühl hat diese Sätze aus einem nächtlichen Gespräch Adenauers mit Belgiens Außenminister Paul-Henri Spaak und Luxemburgs Ministerpräsident Joseph Bech im Londoner Hotel »Claridge's« notiert. Danach fürchtete Adenauer sich vor allem vor den »deutschen Nationalisten«, die seine Bemühungen um eine europäische Integration zuschanden machen könnten.

Von daher ist die bei fast allen deutschen Kanzlern verbreitete Krankheit, sich nicht ernsthaft um einen Nachfolger zu kümmern, bei Adenauer zumindest ansatzweise auch inhaltlich begründet. Zwar hat Adenauer immer mal wieder mit Vertrauten erörtert, wer denn nun infrage käme. Es fand aber keiner Gnade unter seinen Augen.

Zwar erholt Adenauer sich von seiner Lungenentzündung, aber Macht und Einfluss beginnen zu bröckeln. Eine erste empfindliche Niederlage muss er beim CDU-Parteitag im April 1956 hinnehmen. Die Landesverbände Rheinland und Westfalen hatten beantragt, die Zahl der stellvertretenden Parteivorsitzenden von zwei auf vier zu erhöhen. Die kaum verhohlene Absicht: Karl Arnold und Jakob Kaiser sollten so in die Parteihierarchie aufsteigen – also ausgerechnet zwei prominente Kontrahenten Adenauers, die dieser schon neutralisiert glaubte. Der Patriarch wehrte sich mit Händen und Füßen und allen möglichen Tricks – vergeblich. Er unterlag. Das war für viele ein Signal. »Auch in Bonn begann sich mancher zu regen, (…) weil bei einer immer größeren Zahl von Unionspolitikern der Eindruck entstand, in der Hauptstadt habe die ›Kanzler-Dämmerung‹ begonnen.«[30]

Überhaupt war 1956 ein Jahr der politischen Krisen. Außenpolitisch der Volksaufstand in Ungarn und die Suez-Krise, innenpolitisch eine überhitzte Konjunktur, steigende Lebensmittelpreise (12 Prozent), die Angst um die Stabilität der D-

Mark, Erhards Appelle zum »Maß halten«, die zum Streit mit Adenauer führen. Schließlich veranlassen Meinungsverschiedenheiten über die Deutschlandpolitik und die Westintegration die so genannte Euler-Gruppe, unter ihnen vier Minister, im Februar die FDP zu verlassen. Darauf geht die restliche FDP-Fraktion in die Opposition. Die Regierung hat aber immer noch nahezu 80 Stimmen mehr als ihre politischen Gegner.

Der Wahlkampf 1957 ist endgültig ein Kanzler- und damit ein Adenauer-Wahlkampf: »Keine Experimente! Konrad Adenauer – CDU« heißt die Parole und: »Ob Sonnenschein, ob Regenschauer – das deutsche Volk wählt Adenauer«. Die Union erringt die absolute Mehrheit: 50,2 Prozent. Ein seither nie wieder erreichtes Ergebnis. Genauso wenig wie das von 1949: Die 31 Prozent sind bislang noch nicht unterboten worden.

Adenauer ist jetzt 81 Jahre alt. Und nachdem der Jubel über den großen Wahlsieg abgeklungen ist, gehen auch die Diskussionen über einen Nachfolger wieder los. Im Laufe des Sommers 1957 kommt in der »Montagsrunde« (Adenauer, Globke, Krone) die Idee auf, Franz Etzel aus Luxemburg nach Bonn zu holen und zum Finanzminister zu machen. Ludwig Erhard, dem ein großer Anteil am Wahlsieg zugesprochen wird, wird zum Vizekanzler befördert. Ein Amt, das in der Verfassung zwar nicht vorgesehen ist, aber doch einige Bedeutung hat, so dass die »Beförderung« wie eine Vorentscheidung über die Kanzlernachfolge wirkte. Eben deshalb hatte Adenauer mit diesem Schritt lange gezögert.

Aber die Nachfolgedebatte lässt sich nun nicht mehr eindämmen, die Bundestagsfraktion wird unruhig, die Nachfolge wird offen diskutiert,[31] und auch beim Koalitionspartner FDP wächst der Widerstand gegen Adenauer, vor allem wegen der geplanten Stationierung von Atomraketen in Deutschland.

FDP-Chef Erich Mende fordert im Bundestag die Ausrufung eines nationalen Notstands, die Ablösung Adenauers und die Bildung einer Allparteienregierung unter Führung eines anderen Christdemokraten.[32] Aber auch dieser Sturm geht an Adenauer zunächst vorbei.

DIE PRÄSIDENTSCHAFTSPOSSE[33]

Mit seiner Trickserei um die Bundespräsidentenwahl 1959 sorgte Adenauer dann aber selbst für den endgültigen Anfang vom Ende seiner Kanzlerschaft.[34] Theodor Heuss hatte zwei Amtszeiten hinter sich, für eine dritte hätte man die Verfassung ändern müssen. Die SPD schickt Carlo Schmid ins Rennen. Aber in der Union wollte man der SPD diesen Prestigegewinn nicht gönnen, vor allem Adenauer war aufs Entschiedenste gegen Schmid. Der hatte gegen den Beitritt zur Nato votiert, gegen die Einführung der Wehrpflicht, hatte die Anti-Atomtod-Bewegung unterstützt.

Allerdings war es schwierig, einen CDU-Kandidaten zu finden. Kai-Uwe von Hassel wurde genannt, dann Ludwig Erhard. Erhard ziert sich zuerst, wird dann aber offiziell vorgeschlagen. Die Fraktion allerdings ist gegen Erhards Kandidatur, das Wort vom »Kronprinzenmord« macht die Runde. Nach langem Zögern verzichtet Erhard.

Und da zaubert Adenauer die Lösung aus dem Hut: Er kandidiert selbst. Früher hatte er solche Ansinnen stets abgelehnt, weil er sich nicht aufs Abstellgleis abschieben lassen wollte. Jetzt erwärmt er sich offenbar für diese Idee, weil er glaubt, als Präsident einen Bundeskanzler nach eigenem Gusto installieren und die Außenpolitik weiter mitbestimmen zu können, auch im Kabinett sitzen zu dürfen. Die Möglichkeiten des

Grundgesetzes für den Bundespräsidenten sind nicht ausgereizt, meint er.

Adenauer wird nominiert, und er stimmt zu. Carlo Schmid: »Ich rechne es mir zu hoher Ehre, dass die CDU glaubt, nur mit ihrem besten Mann gegen mich bestehen zu können.« Und: »Lasst und alle miteinander Adenauer auf dem Präsidentenstuhl ins Altenteil hieven.«[35]

Erhard ist einerseits besorgt, andererseits entzückt: denn nun steht ihm der Weg ins Kanzleramt offen. Glaubt er. Das ist aber nicht so. Adenauer bevorzugt nach wie vor Etzel,[36] außerdem stehen Gerhard Schröder und Clemens von Brentano auch noch bereit. Der Trend in der Union und in der Presse lautet aber: Erhard ist der natürliche Nachfolger Adenauers. Das sieht auch Erhard so.

Adenauer nicht. Er versucht intensiv, Erhard davon abzubringen, der bleibt stur, kommt sogar auf die fabelhafte Idee, als Kanzler das Wirtschaftsministerium weiterzuführen. »Auf meine Frage, wie er sich das denn praktisch vorstelle«, notiert Adenauer, »entgegnete Erhard, das Wirtschaftsministerium könne er mit zehn Prozent seiner Arbeitsleistung führen.«[37] Schließlich droht Erhard damit, aus dem Kabinett auszuscheiden, wenn er nicht Bundeskanzler wird.

Adenauer wird allmählich klar, dass seine Präsidentschaftskandidatur ein Fehler war. »So ausgezeichnet Herr Erhard als Wirtschaftsminister ist, so gefährlich würde bei den immer stärker werdenden außenpolitischen Gefahren (…) seine Wahl zum Bundeskanzler sein.« Schreibt Adenauer am 19. Mai 1959 an Fraktionschef Krone.[38] Dann bleibt er schon lieber selber Kanzler. »Der Sinn meiner Nominierung als Kandidat und meine Annahme war Sicherung der Kontinuität der von mir geführten Politik. Ich halte diese bei der Wahl von Herrn Erhard zum Bundeskanzler nicht für gesichert.«[39]

Also zieht er seine Kandidatur zurück, allerdings erst am 4. Juni 1959, als Erhard in den USA weilt. Er schreibt an Erhard: »Ich rechne bestimmt darauf, dass Sie mir treu bleiben und dass wir die nächste Wahlschlacht zusammen gewinnen werden. Ich wünsche Ihnen alles Gute, überanstrengen Sie sich nicht.«[40] Die Fraktion ist empört, aber Adenauer bleibt eiskalt. Im Fraktionsvorstand erklärt er: »Meine Herren, Sie können ja das konstruktive Misstrauensvotum einbringen.«[41] Und damit verlässt er den Saal. Die Abgeordneten sind perplex, aber machtlos. Denn Adenauer weiß genau, dass niemand in der Union daran denkt, im Bundestag einen Nachfolger zu wählen und vom Bundespräsidenten die Entlassung des Amtsinhabers zu verlangen. Genau das sieht Artikel 67 des Grundgesetzes vor, der das »konstruktive Misstrauensvotum« formuliert.

Dieses Mal aber hat Adenauer überdreht. »Die offene Feldschlacht begann.«[42] Zwar ließ die Fraktion sich überreden, in einem lauen Kommuniqué Verständnis für Adenauers Entscheidung zu artikulieren, aber es rumorte heftig weiter, und die Reaktionen der Öffentlichkeit waren vernichtend. In einer Fülle von Berichten und Leitartikeln wurden der Untertanengeist der Unionsfraktion und die Menschenverachtung Adenauers gegeißelt.

Als Erhard aus den USA zurückkommt, kritisiert er Adenauer gleich bei seiner Ankunft auf dem Flughafen Düsseldorf – »kochend vor Zorn«.[43] Am 10. Juni gibt es eine Sondersitzung der Fraktion mit einer Aussprache über und mit Adenauer und Erhard. Adenauer gibt sich versöhnlich, Erhard bleibt stur, nach heftigen Diskussionen stimmt die Fraktion für eine Resolution pro Erhard. Adenauer und Erhard reichen sich die Hände vor versammelter Mannschaft, dann singt man gemeinschaftlich »Holder Friede, süße Eintracht«.

Aber der »Friede des 10. Juni« hielt nicht lange. In Interviews mit ausländischen Journalisten wiederholte Adenauer die Anwürfe gegen Erhard, und allmählich hatten alle die Nase voll von dem Alten: Ein Kanzlerwechsel wurde unvermeidbar. Auch um zu retten, was noch zu retten war. 1961 stand die nächste Bundestagswahl an, und das Kalkül vieler Unions-Politiker war: Wenn die »Wahllokomotive« Erhard als Nachfolger Adenauers ins Rennen geschickt wird, erhöhen sich die Wahlchancen der Union. Manche mögen geahnt haben, was heute unbestritten ist: Mit den Ereignissen im Frühsommer 1959 »begann nicht allein Konrad Adenauers langsamer Abschied von der Macht, sondern auch der seiner Partei, der Union.«[44]

Nur Adenauer weigerte sich immer noch standhaft, die Zeichen der Zeit zu erkennen. »Kronprinz« ist und bleibt ein Reizwort für ihn. »Wir leben in keiner Erbmonarchie«, grantelt er und droht damit, dass die Richtlinien der Politik und die Führung der CDU »in meinen Händen bleiben«, auch nach 1961. So berichtet der Bonner »Hofchronist« Walter Henkels über ein Gespräch in Adenauers Urlaubsort Cadenabbia.[45] »Adenauers Nachfolger heißt – Adenauer«, dieser Spruch macht in der CDU die Runde.[46]

Es mag merkwürdig erscheinen, wieso Adenauer mit einer solchen Vehemenz einen Mann ablehnt und bekämpft, mit dem er doch die Westrepublik aufgebaut hat, mit dem er – gleichsam Arm in Arm – seine größten Erfolge errungen hat. Das kann man nur verstehen, wenn man weiß, dass Adenauer zu den meisten seiner Mitstreiter ein – freundlich ausgedrückt – instrumentelles Verhältnis hatte. Er hat Erhard immer dann und so lange gestützt, wie dessen Erfolge ihm genutzt haben.

Von Anfang an bekam Erhard die Peitsche Adenauers zu spüren, wenn dem Alten was nicht passte. Einer Anekdote zufolge soll Adenauer ihn Anfang 1950 im Kabinett angefahren haben: »Herr Erhard, nun hören Se doch endlich auf mit Ihrer freien Marktwirtschaft. Sie sehen doch, dass uns die Preise davonlaufen.« Als die SPD im Juli 1950 Adenauer aufforderte, Erhard zu entlassen, musste der sich im Parlament alleine verteidigen, Adenauer unterbrach seinen Urlaub am Vierwaldstätter See nicht.

Gerd Bucerius, von 1949 bis 1962 CDU-Abgeordneter und seit 1946 Herausgeber der »Zeit«, erinnert sich: »Einmal habe ich Adenauer vor Wut nach Luft schnappen sehen. Er war in der Korea-Krise Erhard stark angegangen: Wann denn nun ›de Preise nich mehr steijen‹ würden. Erhard: ›Spätestens im Herbst.‹ Adenauer: ›Woher wissen Se dat?‹ Erhard: ›Das weiß ich mit nachtwandlerischer Sicherheit.‹«[47] Für Nachtwandler in der Politik hatte Adenauer nur Verachtung übrig.

»Adenauers Abneigung gegen Erhard war abgrundtief und absolut«, schreibt der Wirtschaftshistoriker und Erhard-Biograf Alfred C. Mierzejewski. »Der betagte Kanzler war sich nicht zu schade, Erhard öffentlich oder hinter dessen Rücken in Parteikreisen anzugreifen. ... Er hasste Erhards lange Monologe zu Wirtschaftsthemen. Er mochte Erhards lässige Kleidung nicht und missbilligte den Zigarrenrauch, mit dem sich Erhard gern einnebelte, ebenso wie die Zigarrenasche, die sich auf seinem Revers ansammelte. Erhards Alkoholkonsum betrachtete er als moralischen Affront. Und schließlich war ihm Erhards Hang zum Selbstmitleid unerträglich.«[48]

Vor allem aber: Adenauer fürchtete, ein Kanzler Erhard würde seine außenpolitischen Erfolge zunichtemachen, also sein wichtigstes politisches Erbe zerstören. Also musste er auch 1961 wieder Kanzler werden.

Als wenn nichts gewesen wäre, stürzt Adenauer sich in den Wahlkampf. Wo er in einem entscheidenden historischen Augenblick die falsche Entscheidung trifft. Beim Bau der Berliner Mauer am 13. August. Nicht nur Adenauer, das ganze politische Bonn war vom Mauerbau überrumpelt worden. Am 15. Juni hatte Ulbricht ohne erkennbaren Anlass erklärt, dass eine Mauer mitten durch Berlin nicht geplant sei. Das hätte argwöhnisch machen müssen. Aber keiner reagierte.

Gleich nach dem 13. August bedrängen die Kanzlerberater Adenauer, umgehend nach Berlin zu fliegen. Er zögert, weil er befürchtet, dass es zu einem zweiten 17. Juni, zu Aufruhr und Blutvergießen kommen könnte. Er schickt Heinrich Krone, um die Lage zu sondieren, und fliegt erst eine Woche später nach Berlin. Zu spät. Die Sympathien für die Unionsparteien stürzen von 49 auf 35 Prozent. Adenauer hatte die Wirkung des Mauerbaus auf die westdeutsche Bevölkerung unterschätzt. Das Ende der Kanzlerschaft kam in Sicht – einmal wieder, aber jetzt endgültig.

Der FDP-Vorsitzende Erich Mende erklärte zwei Tage vor der Wahl, dass die FDP nicht in eine Koalition mit der Union unter Adenauer gehen werde. Vor allem er selbst werde unter Adenauer kein Ministeramt annehmen. Die Rechnung ging auf: Die FDP kam auf 12,8 Prozent der Stimmen (plus 5,1), die Union erlitt herbe Verluste (minus 4,9), blieb aber mit 45,3 Prozentpunkten stärkste Partei. Doch die absolute Mehrheit war weg. Adenauer war ungerührt und abgebrüht wie immer. Am Tag nach der Wahl, noch bevor Parteigremien hatten zusammentreten können, erklärte er auf einer Pressekonferenz, dass er selbstverständlich die nächste Regierung bilden werde und eine Koalition mit der FDP anstrebe.

Die war jetzt im Zugzwang. Am 19. September bekräftigten Vorstand und Bundestagsfraktion: Keine Koalition unter Adenauer. Der bietet dem CDU-Vorstand an, zur Mitte der Legislaturperiode einem anderen Platz zu machen. Erhard will, dass er offiziell als dieser andere genannt wird. Adenauer weist das zornig zurück. Seine Argumentation für eine nochmalige Kanzlerschaft: Ernst der außenpolitischen Lage, Ernst der Lage überhaupt, der neue Mann muss sich erst einarbeiten. Der CDU-Vorstand stimmt dieser Regelung zu.

Weil die Verhandlungen mit der FDP schwierig zu werden drohen, versucht man Mende mit Plänen für eine große Koalition zu erpressen. Das gelingt, Mende lenkt ein. Als Gegenleistung muss Adenauer sich in einem Brief an Krone, Durchschlag an Mende, verpflichten, sein Amt niederzulegen. Und zwar so rechtzeitig, dass ein Nachfolger sich einarbeiten könne, also vor dem Wahlkampf 1965.

KANZLER AUF ABRUF

Jetzt ist Adenauer wirklich ein Kanzler auf Abruf. Aber der schlaue Fuchs hat kein festes Datum für sein Ausscheiden angegeben. Und er versucht in der Folge mehrfach, sich auch aus dieser Vereinbarung wieder herauszuwinden. Am 7. November 1961 wird er zum vierten Mal zum Bundeskanzler gewählt. Die FDP ist umgefallen. Immerhin: Mende wird nicht Minister.

Ein Jahr später kommt der nächste Einschnitt: die Spiegel-Affäre im Herbst 1962. Hier erfindet die FDP die anmutige Übung des zurückgenommenen Koalitionsbruchs. Aus Protest gegen das Verhalten von Verteidigungsminister Strauß in der »Spiegel«-Affäre und weil Adenauer sich weigert, Strauß zu entlassen, verlassen die FDP-Minister Walter Scheel, Wolfgang Mischnick, Wolfgang Stammberger, Heinz Starke und Hans Lenz das vierte Kabinett Adenauers. Damit ist die Regierung praktisch am Ende.

Es herrscht große Aufregung und großes Durcheinander in Bonn, aber der Alte plant den nächsten schmutzigen Trick: Er droht mit einer großen Koalition. Die SPD ist unter der Führung von Herbert Wehner zu Verhandlungen bereit, Ende 1962 sind sie schon weit gediehen.[49] Adenauer stellt zwei Bedingungen: Er bleibt Kanzler, und zwar ohne Befristung, und schon zu den nächsten Wahlen soll das Mehrheitswahlrecht eingeführt werden. Wehner, Brandt und Erler wollen die erste Bedingung erfüllen, aber die SPD-Fraktion will nicht. Unter anderen gibt Carlo Schmid zu bedenken, wie man der Öffentlichkeit und vor allem den SPD-Wählern erklären wolle, dass eine neue Regierung ohne »Auswechslung des Kapitäns«[50] gebildet werden sollte. Die Verhandlungen scheitern.

Ende November 1962 tritt Franz Josef Strauß zurück, und Adenauer wird gezwungen, seinen eigenen Rücktritt jetzt genau zu terminieren, und zwar auf den Herbst 1963. Und schon machen die Liberalen wieder mit.

Erst danach kommt es zur Regierungsumbildung, und am 14.12. wird Adenauers fünftes Kabinett vereidigt. Aber der Alte weigert sich weiterhin, sein Wort einzulösen. Unermüdlich agiert er gegen Erhard, unermüdlich verzögert er eine Entscheidung, äußert sich hinhaltend, weicht der Debatte aus. Am 22. und 23. April 1963 schließlich wird er in Fraktionsvorstand und Fraktion genötigt, sich der Diskussion zu stellen. Adenauer erklärt, dass außer Erhard noch Krone, Schröder und Brentano als Kandidaten infrage kämen. Aber alle drei verzichten. Da bäumt sich der Alte ein letztes Mal auf: »Es kann jemand der beste Wirtschaftsminister sein, ohne dass er deswegen für die politischen Fragen dasselbe Verständnis aufbringt. (...) Ich spreche es nicht gern aus, dass ich einen Mann, mit dem ich selbst seit 14 Jahren zusammengearbeitet habe und der Hervorragendes geleistet hat, nun für einen andren Posten, den er haben möchte, nicht für geeignet halte«.[51]

Aber er drang nicht mehr durch. In geheimer Wahl stimmten rund zwei Drittel der Unions-Abgeordneten für den Kanzlerkandidaten Ludwig Erhard. Der triumphiert nicht, sondern spricht von »Vergessen- und Verzeihenkönnen«, woraufhin sich auch Adenauer versöhnlich gibt. Zurück im Palais Schaumburg äußert er im Kreis seiner engsten Mitarbeiter: »Einmal muss es ja sein!«[52] Allerdings sagt er später auch: »Mir ist, als hätte man mir Arme und Beine abgeschlagen.«[53] Am 15. Oktober 1963 tritt Konrad Adenauer zurück.

1876	Am 5. Januar in Köln geboren
1894-1897	Studium der Rechts- und Staatswissenschaften in Freiburg, München und Bonn.
1902	Justizdienst in Köln
1906	Beigeordneter der Stadt Köln, ab 1914 zuständig für die Versorgung mit Lebensmitteln
1917-1933	Oberbürgermeister der Stadt Köln
1921-1933	Präsident des Preußischen Staatsrats
1933	Von den Nationalsozialisten beider Ämter enthoben
1945	Im Mai wieder Oberbürgermeister von Köln (eingesetzt von US-Besatzern), im Oktober vom britischen Militärgouverneur wieder entlassen
1946	Vorsitzender der CDU Nordrhein-Westfalens
1948	Präsident des Parlamentarischen Rates
1949-1953	Bundeskanzler – im ersten Kabinett Adenauer ist der Bundeskanzler seit 1951 zugleich Bundesaußenminister
1953-1957	Zweites Kabinett Adenauer
1957-1961	Drittes Kabinett Adenauer
1961-1963	Viertes Kabinett Adenauer
1963	Verabschiedung im Bundestag
1967	Am 19. April in Rhöndorf gestorben

KANZLER OHNE FORTUNE –
LUDWIG ERHARD

16. Oktober 1963, 11 Uhr 15, Deutscher Bundestag, Kanzler-wahl. Bundestagspräsident Gerstenmaier gibt das Ergebnis be-kannt: 279 Stimmen dafür, 180 dagegen, 24 Enthaltungen. Ludwig Erhard ist Bundeskanzler. Endlich. Aber die Art, wie er es geworden ist, verleiht diesem Anfang nun wirklich keinen Zauber. Er ist von denen, die Konrad Adenauer gestürzt haben, mit Brachialgewalt ins Amt gehievt worden. Kein glanzvoller Wahlsieg ging dem voraus, keine Erfolgsgeschichte eines auf-steigenden Sterns, der nun an der ihm zustehenden Stelle leuchten kann. Erhards Amtsantritt markiert das Ende eines schäbigen Machtkampfs. Schön ist anders.

Das war von Anfang an eine Hypothek. Viele hielten ihn von vornherein für einen Übergangskanzler. Gerd Bucerius hatte schon am 24. September 1961 an Erhard über dessen Zustim-mung zu Adenauers »Übergangskabinett« geschrieben: »Bitte machen Sie sich aber klar, dass eine solche schwächliche Lö-sung nicht die Zustimmung der Öffentlichkeit finden wird. Auch Sie werden auf diese Weise zum ›Übergangskanzler‹.«[1]

Eine weitere Hypothek: Erhard war nicht »vom Volk« ge-wählt. Das werden Kanzler grundsätzlich nicht, wie oben erläutert, aber Erhard wurde auch nicht – nach einer Bundes-tagswahl – vom Parlament gewählt, sondern von der Unions-fraktion »eingesetzt«. Dass das Parlament als Ganzes dann diesen Kandidaten wählt, ist eher eine Formsache. Auch das gibt einer Kanzlerschaft einen merkwürdigen Geschmack, vor allem nach dem monate-, ja jahrelangen Hauen und Stechen um die Nachfolge Adenauers.

Erhard selbst war schon lange davon überzeugt, dass ihm das Kanzleramt zusteht, »weil er neben Konrad Adenauer in den Gründerjahren die schwerste Last getragen, die höchste Risikobereitschaft gezeigt und die wichtigsten Fundamente mitgelegt habe.«[2] Das hatte er seinem Staatssekretär Westrick schon 1953 mitgeteilt. Aber er hat sich nie getraut, diesen Anspruch auch offensiv zu vertreten. Als Adenauer 1959 sein Kasperletheater mit dem Präsidialamt aufführte, als er nach dem Mauerbau passiv blieb, als die Spiegel-Affäre zu einer Unions- und Regierungskrise wurde – immer hat Erhard gezögert, gezaudert, nie kraftvoll seinen Anspruch angemeldet. So galt er in Bonn als »Gummilöwe«. Nur einmal wurde er energisch: Als 1963 Außenminister Schröder als Nachfolger Adenauers präferiert zu werden schien, drohte er unverhohlen mit Rücktritt. Das wirkte. Zwei Führungsfiguren verlieren – das wollte die Fraktion dann doch nicht.[3]

Erhard war mit der Meinung, der »geborene« Nachfolger Adenauers zu sein, durchaus nicht allein. Er hatte starke Unterstützer in der Fraktion (die »Brigade Erhard«) und beachtlich viele Unterstützer unter den Bonner Korrespondenten. Und in der Bevölkerung war er beliebt.

Das ist bemerkenswert: Bis heute erinnern sich die meisten Menschen an Erhard, wenn sie ihn denn überhaupt noch kennen, als Wirtschaftsminister. Weil er der »Vater des deutschen Wirtschaftswunders« war. Er symbolisiert den Wiederaufstieg der deutschen Wirtschaft nach dem Zweiten Weltkrieg. Dass er der zweite Kanzler der Bundesrepublik Deutschland war, geht im kollektiven Gedächtnis meist unter.

Das mag daran liegen, dass die Kanzlerschaft des großen Konrad Adenauer die seines Nachfolgers überschattete, auch daran, dass Adenauer und eine ganze Reihe von CDU-Politikern nach Erhards Amtsantritt weiter versuchten, die Fähigkeiten des Nachfolgers kleinzureden und zu diskreditieren, vielleicht auch an den wenig glanzvollen Umständen, unter denen Erhard Kanzler geworden war.[4]

Der wichtigste Grund ist aber wohl die prägende Rolle, die Erhard beim Aufbau der Bundesrepublik nach Ende des Zweiten Weltkriegs spielte. Schon 1945 berief ihn die US-Militärregierung zum Minister für Handel und Gewerbe in der Bayerischen Staatsregierung. 1948 wurde er Direktor der Wirtschaftsverwaltung der britisch-amerikanischen Bizone, wo er mit Mut und Entschlossenheit agierte.

»Der Mann hat Mut gehabt und Westdeutschland vom Kalk einer Staatswirtschaft befreit, geradezu mit einem Kopfsprung. Das war damals sehr unpopulär, die ganze Verwaltungswirtschaft abzuschaffen.«[5] So sah das rund fünfzig Jahre später Norbert Blüm. Mit »Kopfsprung« meint Blüm eine wahrhaft riskante Aktion Ludwig Erhards, der am 19. Juni 1948 – dem Vorabend der Währungsreform – seinen Pressesprecher im Rundfunk verkünden ließ, Preiskontrolle und Zwangsbewirtschaftung für eine Reihe von Waren würden aufgehoben. Das aber war keineswegs vorgesehen, und ohne Genehmigung der Alliierten durften die Festpreise sowieso nicht aufgehoben werden. Genau das tat Erhard. Noch am Tage der Währungsreform hob er eigenmächtig sechs Verordnungen über die Bewirtschaftung von Haushaltswaren auf.

Die Amerikaner waren außer sich, Erhard wurde zu Militär-Gouverneur Clay zitiert. Wie er dazu komme, ohne Genehmigung Bewirtschaftung und Preisbindung zu ändern, polterte der General. »Ich habe nichts verändert, ich habe sie aufgehoben!«, war Erhards kühne Antwort. Wenigstens hat er es so immer berichtet.

Sein Kalkül: »Wenn die Währungsreform, wie sich sehr bald zeigen wird, allerorts höhere Energien auslösen wird und die beschränkte Kaufkraft mit dem dann einsetzenden Kampf um den Kunden Betriebe zu höchster Rationalität und Kosteneinsparungen auf allen Gebieten zwingt, dann müsste es geradezu als ein Wunder bezeichnet werden, wenn die Preise diesem Druck nach unten nicht nachgeben sollten. An Wunder aber vermag ich gerade im Bereich der Wirtschaft nicht zu glauben.«[6] So Erhard in einer Rundfunkrede im Juni 1948. Das Kalkül schien zunächst aufzugehen. Über Nacht waren die Läden wieder voll mit Waren, die es vorher nur auf dem Schwarzmarkt gegeben hatte. Und die Lebensmittellieferungen der Briten und Amerikaner taten ein Übriges.[7]

Trotzdem sah es zunächst nicht nach einem »Wirtschaftswunder« aus, denn entgegen Erhards Voraussage blieben die Waren teuer. Der »Kopfgeldrausch« der ersten 40 Mark war bald vorbei, die Warenlager waren bald geräumt, die Ernüchterung kam schnell.

In nur sechs Monaten – bis Dezember 1948 – stiegen die Einzelhandelspreise bei Verbrauchsgütern um 18 Prozent, die Kosten für Ernährung um 29 Prozent, die Lebenshaltungskosten insgesamt um gut 15 Prozent. Die Preisbindung der Nazi-Zwangswirtschaft war zwar aufgehoben, der Lohnstopp aber blieb bis zum November bestehen. Die Lebensmittelpreise stiegen rasant an, es kam zu Unruhen: eine Hausfrauenrevolte auf dem Münchner Viktualienmarkt, ein »Eierkrieg« in Bremen, Kartoffelschlachten, Proteste von Hausfrauen auch in anderen Städten. Über 9 Millionen Arbeitnehmer der Bizone folgen am 12. November 1948 einem Aufruf der Gewerkschaften zum Generalstreik.

Zu der Zeit sind 1,5 Millionen Menschen arbeitslos, die weltweite Konjunktur schwächt sich ab, das Nachkriegswachstum lahmt, die Zahlungsbilanz verschlechtert sich. Als im September 1949 die erste Regierung Adenauer antritt, sind von 13,6 Millionen Beschäftigten fast 9 Prozent arbeitslos. Der Marshall-Plan wirkt nicht so schnell wie vorgesehen, notwendige Rohstoffe können mangels Devisen nicht eingeführt, Nahrungsmittel müssen weiter importiert werden, die Flüchtlingsströme sorgen für zusätzliche Probleme – es steht nicht gut um die Marktwirtschaft. Ende Februar 1950 erreicht die Arbeitslosenzahl die magische Zwei-Millionen-Grenze, die Marktwirtschaft scheint den Wettlauf mit der Zeit verloren zu haben.

Erhard greift zum rettenden Strohhalm: Ein Arbeitsbeschaffungsprogramm soll her – zwar systemwidrig, aber der letzte Ausweg. Kern dieses Programms sind kreditfinanzierter Wohnungsbau und Steuersenkungen, die im Juni 1950 wirksam werden sollen. Ein erhebliches Wagnis für den Marktwirtschaftler Erhard, denn nach dem Lehrbuch bergen solche Programme bei Zahlungsbilanzproblemen ein beträchtliches Finanzierungsrisiko.

Doch Erhard hatte einen Helfer in der Not: die Korea-Krise. Während die USA und andere westliche Staaten vor allem ihre Rüstungsindustrie ankurbelten, um die »kommunistische Aggression« in Korea zurückzuwerfen, war die Bundesrepublik nahezu das einzige Land, das die Lücken auf den internationalen Exportmärkten ausfüllen konnte.

»Es hätte nicht des Korea-Konflikts bedurft, um den deutschen Wirtschaftsanstieg fortzusetzen bzw. sein Tempo zu steigern«, hat Ludwig Erhard später behauptet und darüber hinaus betont, dass der Korea-Boom der deutschen Wirtschaft mehr Probleme als Vorteile gebracht habe.[8] Tat sächlich gab es auch Probleme durch die Korea-Krise, und tatsächlich gab es schon vorher leichte Anzeichen für eine wirtschaftliche Belebung in Deutschland. Aber unbestreitbar kurbelte der Korea-Krieg die deutsche Wirtschaft zu einem Zeitpunkt in erheblichem Ausmaß an, als der Erfolg von Erhards Politik auf der Kippe stand. Schon im September 1950 wurde das Produktionsverbot für Waffen gelockert, auch Handelsschiffe durfte Deutschland wieder bauen. Die Beschränkung der Stahlproduktion wurde faktisch aufgehoben, im April 1951 auch die für Aluminium und schwere Werkzeugmaschinen, die für synthetisches Gummi, synthetischen Treibstoff und Kugellager wurden gelockert. Ohne jeden Zweifel kommt der entscheidende Wachstumsschub für Erhards »Wirtschaftswunder« aus dem westlichen Ausland, dessen Industriekapazitäten durch Rüstungsproduktion weitgehend absorbiert sind. Die industrielle Produktion der Bundesrepublik steigt in den ersten Monaten des Korea-Kriegs um jeweils 7 Prozent.

Im Herbst 1950 liegt die Produktion ein Drittel über der vom Herbst 1949. Die Zahl der Beschäftigten nimmt um eine Million zu, die Industriekapazitäten sind erstmals nach Kriegsende voll ausgelastet. Wiederaufbau und Modernisierung der Produktionsanlagen zahlen sich aus: Die Bundesrepublik liefert Waren, Maschinen und Anlagen zu konkurrenzlos günstigen Preisen auf den Weltmarkt.

Das ist der Ausgangspunkt für ein in der deutschen Geschichte beispielloses Wirtschaftswachstum – jährliche Produktionssteigerungen von bis zu 10 Prozent, etwa doppelt so hohe Exportzuwächse. Spätestens um die Jahreswende 1951/52 hat sich Erhards Kurs durchgesetzt, die Gleichsetzung von »Sozialer Marktwirtschaft« mit Wohlstand hatte funktioniert, es gab keine ernsthafte Diskussion mehr über das Wirtschaftssystem.

Freilich waren die Versprechungen der »Sozialen Marktwirtschaft« damit nur zum Teil eingelöst. Die Löhne blieben niedrig, die Vermögensverteilung blieb ungerecht. 1953 etwa sind die Realeinkommen seit der Währungsreform zwar um etwa 50 Prozent gestiegen, die Einkommensunterschiede aber ändern sich kaum. 1950 hatten die Arbeitnehmer noch rund 35 Prozent des gesamten Realvermögens, 1965 nur noch 17 Prozent. Zu dieser Zeit verfügt rund 3 Prozent der Bevölkerung – nämlich die 15.000 Millionäre – über 40 Prozent des gesamten Volksvermögens.

Alfred Müller-Armack, inzwischen Staatssekretär bei Minister Erhard, musste damals einräumen, dass die sozialen Ziele der Marktwirtschaft allzu sehr vernachlässigt worden seien. Aber das schmälerte den Ruhm des ersten bundesdeutschen Wirtschaftsministers keineswegs. Er war – trotz einiger Abstriche – einer der Garanten für die Erfolgsgeschichte der Ära Adenauer. Insofern stimmt der Ausspruch von Franz Josef Strauß: »Die Ära Adenauer war auch eine Ära Erhard.«[9] Und mit diesem Pfund glaubte Erhard, auch als Kanzler wuchern zu können.

FREI ODER SOZIAL: DIE MARKTWIRTSCHAFT

Wobei noch zu klären wäre, was Erhard unter Marktwirtschaft verstand. Er orientierte sich an der Wirtschaftstheorie der neoliberalen Schule. Seit 1930 hatte eine Gruppe von Wirtschaftswissenschaftlern die Systemfehler einer sich selbst überlassenen Marktwirtschaft unter die Lupe genommen. Walter Eucken als Kopf der sogenannten »Freiburger Schule«, Franz Böhm, Alfred Müller-Armack, Alexander Rüstow und Franz Oppenheimer, bei dem Erhard studiert hatte, entwickelten die Grundzüge einer Wirtschaftsordnung, die die Auswüchse des freien Marktes, die brutale Konkurrenzwirtschaft, in den Griff bekommen sollte. Der zügellose Kapitalismus sollte gezügelt, nicht aber abgeschafft werden.

Die neoliberale Theorie wurde zur wichtigsten Grundlage des Konzepts der »Sozialen Marktwirtschaft«. Der Begriff selbst wurde von Müller-Armack geprägt, er taucht zum ersten Mal 1947 in seinem Buch »Wirtschaftslenkung und Marktwirtschaft« auf. Die Alternativen liberale Marktwirtschaft und Wirtschaftslenkung, heißt es darin, seien verbraucht. Es gelte, eine dritte Form zu entwickeln. »Wir sprechen von ›Sozialer Marktwirtschaft‹«, schreibt Müller-Armack, »um diese dritte wirtschaftspolitische Form zu kennzeichnen. Es bedeutet dies, dass uns die Marktwirtschaft notwendig als das tragende Gerüst der künftigen Wirtschaftsordnung erscheint, nur dass dies eben keine sich selbst überlassene liberale Marktwirtschaft, sondern eine bewusst gesteuerte, und zwar sozial gesteuerte Marktwirtschaft sein soll.«[10]

Ludwig Erhards Anteil an der Entwicklung dieses Begriffs und am Konzept der »Sozialen Marktwirtschaft« ist aus seinen Schriften nicht exakt zu bestimmen, er wird im verklärenden Rückblick häufig überbewertet. »Er hat an der Entwicklung des Begriffes und des Konzepts so gut wie gar keinen Anteil, er adaptiert den Begriff und übernimmt auch das Konzept fast vollständig von denen, die darüber nachgedacht haben. Erhards Anteil besteht im Grunde genommen in der Verkündung und Popularisierung dieses Konzepts.« So Professor Volker Hentschel, Mainzer Wirtschaftshistoriker und Erhard-Biograf.[11]

Das ist allerdings nicht so zu verstehen, dass Müller-Armack und andere die Blaupause geliefert hätten, die Erhard nur umzusetzen brauchte, um »Mr. Wirtschaftswunder« zu werden. Gerade die Umsetzungsvorstellungen gingen zum Teil weit auseinander.[12] Entscheidend in diesem Zusammenhang: Erhards genuine wirtschaftstheoretische Leistung bestand in der

Entwicklung eines Konzepts für die Nachkriegswirtschaft, ein Konzept, das er 1944 als Chef des »Instituts für Industrieforschung« im Auftrag der »Reichsgruppe Industrie« und in Abstimmung mit dem Nazi-Wirtschaftsministerium erarbeitet hatte. Es ging um die Frage, welche Wirtschaftsordnung nach einem verlorenen Krieg herrschen sollte, und Erhards Antwort lautete eindeutig: »eine freie, auf echtem Leistungswettbewerb beruhende Marktwirtschaft«.[13]

Es spricht einiges dafür, dass Erhard eher ein ordoliberales Marktwirtschaftsverständnis hatte, in dem der Staat vor allem für Geldwertstabilität und die Freiheit des Wettbewerbs zu sorgen hat. Wann immer Erhard über soziale Marktwirtschaft spricht, dann hört sich das so an, als halte er die Marktwirtschaft für sozial, weil und insofern sie frei ist. »Ich bin allerdings der Meinung, daß es nur eine gerechte Verteilung gibt, und das ist die, die durch die Funktion des Marktes erreicht wird. Der Markt ist der einzig gerechte demokratische Richter, den es überhaupt in der modernen Wirtschaft gibt.«[14] So Erhard im Bundestag im Februar 1950.

Im selben Jahr äußert er sich zum Thema Sozialpolitik so: »Die volkswirtschaftlich neutrale und autonome Sozialpolitik gehört der Vergangenheit an und muss einer Sozialpolitik Platz machen, die mit der Wirtschaftspolitik abgestimmt ist, das heißt die volkswirtschaftliche Produktivität nicht beeinträchtigt und den Grundprinzipien der marktwirtschaftlichen Ordnung entspricht.«[15]

Eine wirklich freie Marktwirtschaft ist ganz von selbst sozial – das war im Kern Ludwig Erhards Credo. Eigentlich hätten Erhards Vorstellungen schon damals besser zur FDP gepasst, an der er sich auch zunächst orientierte. Er war von der FDP für den Wirtschaftsrat nominiert worden, die Mehrheiten dort bekam er allerdings stets von der CDU. Zwar waren starke Kräfte in der CDU in den Jahren 1948/49, wie beschrieben, eher in Richtung Sozialismus unterwegs, aber Adenauer hatte den wirtschaftspolitischen Kurs Erhards durchgesetzt.

Ende August 1948 hatte Erhard auf einem CDU-Parteitag in der britischen Zone erstmals von einer »sozial-verpflichteten Marktwirtschaft« gesprochen, die er gegen die »freie Marktwirtschaft des liberalistischen Freibeutertums einer vergangenen Ära« setzte. Damit hatte er CDU-Sozialpolitiker wie Johannes Albers und Jakob Kaiser allerdings nicht überzeugen können. Aber Adenauer sorgte dafür, dass Erhards Konzept zur Grundlage der »Düsseldorfer Leitsätze« zur Wirtschaftspolitik wurde, in denen es lapidar heißt: »Die ›soziale Marktwirtschaft‹ ist die sozial gebundene Verfassung der gewerblichen Wirtschaft, in der die Leistung freier und tüchtiger Menschen in eine Ordnung gebracht wird, die ein Höchstmaß an wirtschaftlichem Nutzen und sozialer Gerechtigkeit für alle erbringt.«

Dagegen kann niemand etwas haben, auch weil man darunter alles Mögliche verstehen kann – eine begriffliche und inhaltliche Vermittlung aber, eine programmatische Grundlegung der sozialen Marktwirtschaft also, wird nicht geleistet. Erhard selbst hat später gerne gescherzt, die CDU sei »auf dem Wege der unbefleckten Empfängnis« zu ihrem Wirtschaftsprogramm gekommen. Auch aufs Ganze gesehen lassen Erhards Reden und Schriften eine eindeutige Interpretation dessen, was er unter »Sozialer Marktwirtschaft« verstanden hat, nicht zu.

Erhard bevorzugte wolkige Ausdrücke. Immer wieder hat er darauf hingewiesen, dass es ihm um »Wohl und Wehe des Ganzen« gehe – einer seiner Lieblingsbegriffe –, dass er »über alle Parteiungen hinweg«[16], eine andere Lieblingsformel, fürs Wohl des Volkes Sorge trage. Der Titel seines Erfolgsbuchs »Wohlstand für alle« bringt das auf eine eingängige Formel. Wobei das Wohl der breiten Masse nach Erhards Vorstellung unmittelbar an das Wohl der Wirtschaft geknüpft ist, der Wettbewerb auf freien Märkten bringt die gerechte – nämlich nach Leistung für die Gesellschaft gerechte – Verteilung des Sozialprodukts gleichsam von selbst hervor.

DER VOLKSKANZLER

Er sei »der Demokratie und der tragenden Kraft des Geistes« verpflichtet, heißt es in Erhards Regierungserklärung. In der – wie erwartet – die Wirtschaftspolitik großen Raum einnimmt. Dabei fehlt auch der Maßhalteappell nicht, der schon vor Erhards Kanzlerschaft seine öffentlichen Reden gekennzeichnet hatte. Schon 1962, also zu Zeiten von Wirtschaftsboom und Vollbeschäftigung, hatte Erhard in einer Rundfunkansprache gewarnt: »Noch ist es Zeit, aber es ist höchste Zeit, Besinnung zu üben und dem Irrwahn zu entfliehen, als ob es einem Volk möglich sein könnte, für allen öffentlichen und privaten Zwecke in allen Lebensbereichen des einzelnen und der Nation mehr verbrauchen zu wollen, als das gleiche Volk an realen Werten erzeugen kann oder zu erzeugen gewillt ist.«[17]

Maßhalten wird nun, da Erhard Kanzler ist, zur offiziellen Regierungspolitik. Vor allem die hohen Aufwendungen für Verteidigung und Entwicklungshilfe, so seine Argumentation, zwingen den Staat zum Maßhalten. Und für die Bürger gilt: »Wir müssen unsere Ansprüche zurückstecken oder mehr arbeiten.« Erhard empfiehlt daher eine Erhöhung der Wochenarbeitszeit um eine Stunde.

Er setzt in seiner Regierungserklärung aber auch – gegen alle Erwartungen – außenpolitische Akzente. Er will von Anfang an gegen das Verdikt Adenauers arbeiten, er verstünde vielleicht etwas von Wirtschaftspolitik, sei aber in der Außenpolitik gefährlich unkundig und naiv.

Und er wollte anders sein als der autoritäre Patriarch und Machtstratege Adenauer: ein »Volkskanzler«.[18] Also einer, der sich dem ganzen Volk verpflichtet fühlt und das Interesse des Volkes höher schätzt als die Interessen von Parteien und Wirtschaftsverbänden. Er setzte auf direkte Kommunikation mit der Bevölkerung, auf Dialog und Verständigung. Die »permanente Zwiesprache mit den Massen« war sein Lebenselixier, so Alfred Müller-Armack.[19]

Das beruhte durchaus auf Gegenseitigkeit. Erhards Volksnähe war sprichwörtlich. Doch die Gefahr des »Volkskanzler«-Konzepts liegt auf der Hand. Wenn einer, der nicht einmal vom Volk gewählt, sondern nur durch Macht und Einfluss seiner Getreuen in den Koalitionsparteien als Regierungschef durchgesetzt wurde, die Interessen dieser Parteien dem »Volksganzen« unterordnet, dann musste das »über kurz oder lang innerhalb der Mehrheitsparteien zum Konflikt führen.«[20] So die Einschätzung von Carlo Schmid, der schon früh vor den »Gefahren der ›Fernsehdemokratie‹« warnte. Erhard, so Schmid, »wollte sich in Fragen, die ihm besonders wichtig erschienen, über die Medien auch unmittelbar an das Volk wenden können, so wie es Charles de Gaulle mit viel Erfolg zu tun pflegte.«[21]

Solche Bedenken hatte Erhard nicht. Er ging mit Elan an die Arbeit[22] und hatte zunächst auch Erfolge, gerade in der Deutschland- und Außenpolitik. Handelsverträge mit Polen, Ungarn und Rumänien, das Passierscheinabkommen zwischen der Bundesrepublik und der DDR, die Aufnahme diplomatischer Beziehungen mit Israel – das waren die Pluspunkte der ersten Kanzlerjahre Erhards.

Eine Katastrophe war dagegen Erhards West- und Bündnispolitik. Aufgrund der wachsenden Spannungen zwischen den

USA und Frankreich verstärkte sich der Streit zwischen »Atlantikern« und »Gaullisten« in den Regierungsparteien. Kern der Auseinandersetzung war der Aufbau einer multilateralen Atomstreitmacht (MLF), vorgeschlagen von den USA, von Frankreich strikt abgelehnt. Erhard gelang es hier nicht, eine vermittelnde Position einzunehmen. Er schlug sich eindeutig auf die Seite der Atlantiker und opferte dafür in den Augen seiner Kritiker die guten Beziehungen zu Frankreich, die Adenauer aufgebaut hatte.

Auch innen- und gesellschaftspolitisch hatte Erhard keine glückliche Hand. Er hatte stets kritisiert, dass Einzel- und Gruppeninteressen eine zu große Rolle spielten, dass die Gesellschaft in Gruppen zerfiele, die möglichst viel Einfluss auf politische Entscheidungen haben wollten. Und die vor allem um ein möglichst großes Stück vom Kuchen stritten. Damit wird für Erhard nicht nur das wirtschaftliche Wachstum behindert, sondern auch der notwendige gesellschaftliche Konsens bedroht.

Nach den Höhenflügen des sogenannten Wirtschaftswunders machte sich ein allgemeines Krisengefühl breit, ein wachsendes Unbehagen in weiten Kreisen der Bevölkerung nach dem Ende der Aufbaujahre. Erhard hat dieses Unbehagen in seinen Reden immer wieder angesprochen. Die Krise der Außenpolitik war handgreiflich, die Krise der Sozialpolitik wurde allmählich sichtbar, die Wirtschaft stagnierte, hier und da war schon von einer »Systemkrise«[23] die Rede. Erhards Folgerung: »Nach der Phase des Aufbaus ist das Ziel der nächsten Jahre die Reform der deutschen Demokratie.«[24]

Blaupause für diese Reform sollte das Konzept der »Formierten Gesellschaft« sein. Einen ungeschickteren Begriff kann man sich kaum vorstellen. »Formiert« – das riecht nach Zwang, Gleichschritt, Kasernenhof, aber mit Sicherheit nicht nach

Freiheit. Da half es auch nichts, dass der Begriff »aus dem Sprachschatz Friedrich Schillers« stammte.[25] Ein Beraterkreis aus Ökonomen, Juristen, Historikern und Publizisten, von Erhards Mitarbeiter Karl Hohmann ins Leben gerufen, hatte das Konzept entwickelt, an der Formulierung waren vor allem die Publizisten Rüdiger Altmann und Johannes Gross beteiligt. Altmann beklagt in seinem programmatischen Essay über die »Formierte Gesellschaft« das »funktionslose Wuchern der organisierten Interessen … mit ihrer kaum noch übersehbaren Vielzahl paritätischer Engagements«. Diese Entwicklung wird für ihn dann problematisch, »wenn ein überentwickelter Pluralismus beginnt, Regierung, Parlament und Parteien zu lähmen. In dieser Lage befinden wir uns.«[26]

Das Heilmittel: Ein Konsens aller Interessengruppen und die Unterordnung der Einzelinteressen unter einen Gesamtwillen. Das alles blieb freilich recht wolkig, und so viel und so gerne Erhard auch darüber redete, seinen Parteifreunden blieb das alles ziemlich unklar. Eine gute Presse hatte die »Formierte Gesellschaft« auch nicht, und in der Bevölkerung war das Interesse äußerst gering. Was als große Parole gedacht war, spielte im Wahlkampf 1965 keine Rolle. Nicht zuletzt deshalb, weil Erhard gegen alle vollmundigen Bekundungen beim Verteilen von Wahlgeschenken emsig mitwirkte: Allerlei milde Gaben für Bauern, Kriegsopfer und andere Gruppen summierten sich auf rund 6,5 Milliarden Mark. Die Regierungskoalition brachte allein 56 ausgabenwirksame Gesetze durchs Parlament.

Und so fuhr Erhard am 19. September 1965 einen überzeugenden Wahlsieg ein. Gegen alle Voraussagen verfehlte die Union die absolute Mehrheit nur knapp. Dieses Mal war Erhard also ein »richtig« gewählter Kanzler. Allerdings war der Wahlkampf durchzogen von öffentlichen Distanzierungen führender Unionspolitiker. Und begleitet von geheimen Treffen, in denen sie die Möglichkeit einer großen Koalition ausbaldowerten. Das Thema war schon seit 1962 virulent, als Adenauer sich mit Paul Lücke (CDU) und Theodor Freiherr von und zu Guttenberg (CSU) an entsprechenden Verhandlungen mit der SPD beteiligt hatte. Die Zerstrittenheit der Union war daher *das* Wahlkampfthema der SPD.

Auch nach der Bestätigung des alten und neuen Kanzlers im Bundestag blieben die Heckenschützen emsig am Werk. Konrad Adenauer wurde nicht müde, gegen den verachteten Nachfolger zu intrigieren, und jüngere Unionspolitiker wie Franz Josef Strauß und Rainer Barzel wollten selbst an die Spitze. Auf der ersten Sitzung des neuen CDU-Fraktionsvorstands las Adenauer ein Schreiben von Bundespräsident Lübke über die Aufnahme von Verhandlungen für eine große Koalition vor.

Lübke hatte dieses Schreiben *vor* der Wahl in Erwartung eines für die Union ungünstigen Wahlausgangs verfasst. Das spielte zwar zunächst keine Rolle, wirft aber ein Licht auf die Umtriebe nicht nur Adenauers hinter dem Rücken Erhards. Kaum ist er im Amt bestätigt, nimmt der Verfallsprozess seiner Kanzlerschaft Tempo auf.»Adenauers Sturz war schon ein brutaler Vorgang gewesen«, schreibt Daniel Koerfer,»aber bei Erhard fand noch eine Steigerung statt.«[27]

Denn Erhard konnte seinen überzeugenden Wahlerfolg keineswegs zur Stabilisierung seiner Position nutzen. Die Regierungsbildung war schwierig und zog sich fünfeinhalb Wochen hin. Erhard konnte seine inhaltlichen und personellen Vorstellungen nur bedingt durchsetzen, und seine Autorität nahm rapide ab. Die Zusammenarbeit mit der FDP wird fortgesetzt, aber sie steht unter keinem guten Stern. In der FDP machen sich schon länger Absetzbewegungen bemerkbar, beim Dreikönigstreffen der FDP im Januar 1966 wird sogar gefordert, der »Mythos Erhard« müsse zerstört werden.

Und in der CDU rumoren die Anhänger einer großen Koalition weiter, inzwischen nicht mehr nur hinter den Kulissen. So tritt der CSU-Abgeordnete zu Guttenberg öffentlich für ein Zusammengehen mit der SPD ein. »Ludwig Erhard ist und bleibt Bundeskanzler« – diese Parole der Unionsfraktion »in immer neuen Variationen«[28] hätte ein Warnzeichen sein müssen. Wenn so geredet wird, ist das Ende nicht weit.

Um sich zu behaupten und Rainer Barzel, seinen schärfsten Konkurrenten, zu bremsen, ließ Erhard sich im März 1966 als Nachfolger Adenauers auch zum Vorsitzenden der CDU wählen. Vermutlich zu spät. Zwei Ereignisse beschleunigten den Niedergang entscheidend: Zum einen die Landtagswahl in Nordrhein-Westfalen im Juli. NRW war von den Krisen in der Kohle- und Stahlindustrie besonders betroffen. Es kam zu Tumulten bei den Wahlauftritten Erhards, auf die er zum Teil recht rüde reagierte.

UHUS, PINSCHER, MOB

Das war nicht ganz neu. Schon im Bundestagswahlkampf hatte er Künstler und Intellektuelle beschimpft, die ihn kritisiert hatten. Am 11. Juli 1965 teilte er im Kölner Gürzenich ordentlich aus: »Ich muss diese Dichter nennen, was sie sind: Banausen und Nichtskönner, die über Dinge urteilen, von denen sie einfach nichts verstehen. … Alles, was sie sagen, ist dummes Zeug.« Und zur Kritik Rolf Hochhuths an der Bonner Politik fiel ihm dieses ein: »Da hört bei mir der Dichter auf, und es fängt der ganz kleine Pinscher an, der in dümmster Weise kläfft.« Seine Beliebtheit hat das nicht unbedingt gefördert.

Im NRW-Landtagswahlkampf holte Erhard rund ein Jahr später bei seinem letzten Auftritt in Gelsenkirchen-Buer die verbale Keule wieder raus. »CDU – Zechen zu«, mit solchen Transparenten hatten Kumpel der Zeche Bismarck den Kanzler empfangen. Als der sich über derlei »Frechheit und Gemeinheit« empörte, riefen die Kumpel »Erhard weg«. Da ging's dann erst richtig los. »In meinen Augen sind diese Lümmel Uhus«[29], tobte Erhard. »Sie hätten schon in den Windeln sterben müssen!« Dann fiel ihm noch »Mob« und »Gesindel« für sein Publikum ein, und die Veranstaltung war zu Ende. Genau wie seine Wahlkampftour.

So was bringt keine gute Presse, und als die SPD einen klaren Sieg errang und mit 49,5 Prozentpunkten nur hauchdünn die absolute Mehrheit in NRW verfehlte, war klar: Die »Wahlkampflokomotive« Erhard war nicht mehr das, was sie mal war. Noch ein Jahr davor war er der gewohnte Garant für den Wahlerfolg auf Bundesebene gewesen, jetzt war – bei einer Landtagswahl – dieser Nimbus dahin.

Das zweite Ereignis: Erhards »Rezession«. Der Begriff geisterte schon kurz nach der Regierungsbildung durchs politische Bonn. Tatsächlich lief die Konjunktur nicht mehr so rund wie gewohnt. Schon 1961 war die Zeit der extrem hohen Wachstumsraten vorbei gewesen. Zwar gab es immer mal wieder Jahre der Hochkonjunktur (wie 1946 und 1969), in denen das Bruttosozialprodukt um bis zu 7 Prozent stieg. Aber sonst waren Steigerungen von 3 bis 4 Prozent die Regel, das Wachstumstempo schwächte sich immer mehr ab. Mitte der 60er Jahre schienen die Tage des deutschen Wirtschaftswunders gezählt zu sein. Der Londoner »Economist« fragte im Oktober 1966, ob in der deutschen Wirtschaft nicht schon die »Englische Krankheit« grassiere.

Die Symptome waren deutlich: drastischer Investitionsrückgang, Preisinflation, ungünstige Zahlungsbilanz. 1966 stieg die Industrieproduktion um matte 1,2 Prozent, das Bruttosozialprodukt wuchs nur um 2,9 Prozent – das geringste Wachstum seit der Währungsreform. Die Lebenshaltungskosten stiegen um 4,5 Prozent – die höchste Quote seit dem Korea-Krieg, das Haushaltsdefizit betrug annähernd zehn Milliarden D-Mark.

Im Rückblick ist das alles wenig dramatisch, die wirtschaftliche Situation war trotz allem vergleichsweise gut: Die extrem niedrige Arbeitslosenzahl war zwar gestiegen, aber nur leicht auf 100.000. Dem standen 600.000 offene Stellen gegenüber. Erhards Rezession war – von heute aus gesehen – also gerade mal ein »Rezessiönchen«. Aber die erfolgsverwöhnten Deutschen nahmen diese Entwicklung als »Wirtschaftskrise« wahr. Und vor allem: Es war Erhards Wirtschaftspolitik, die diese Entwicklung mit herbeigeführt hatte.

Das beschädigt das Ansehen des Wirtschaftswundermanns Erhard entscheidend. Auch in seiner Paradedisziplin scheint er nun zu scheitern, das ist das Urteil in der öffentlichen und veröffentlichten Meinung. Erhard hatte 1965 – nach einem Jahr der Hochkonjunktur – die Steuern gesenkt, entsprechend sanken die Steuereinnahmen, dazu kamen die Wahlgeschenke, der Bund musste sich stärker verschulden als geplant, die Zinsen waren hoch, denn die Bundesbank hatte zur Bekämpfung der Inflation den Diskontsatz erhöht. Schon im Dezember 1965 mussten in einem Haushaltssicherungsgesetz die Wahlgeschenke zum Teil wieder zurückgenommen werden.

Bund, Länder und Gemeinden versuchten zu sparen und setzten so auf einen finanzpolitischen Fehler den zweiten. Während des Aufschwungs hatte die öffentliche Hand das Geld zu allen Fenstern hinausgeworfen, und als die Bundesbank mit der Inflationsbekämpfung begann, wurden die Staatsausgaben gedrosselt.

VOLKSKANZLER OHNE VOLK

Die Folge für Erhard: ein dramatischer Autoritätsverlust in der
zweiten Hälfte des Jahres 1966. Schon mit seinen ständigen
Maßhalteappellen hatte sich der Kanzler wenig Freunde in der
Bevölkerung gemacht, jetzt ging es mit seinem Ansehen rapide
abwärts.[30] Erhard wurde zum »Volkskanzler ohne Volk«.[31]
Jetzt geht es Schlag auf Schlag. Am 15. September tritt Kanz-
leramtsminister Westrick zurück mit der Begründung, er wolle
den Weg für eine Kabinettsumbildung frei machen, die Erhard
noch zwei Tage vorher kategorisch abgelehnt hatte. Anfang
November beschloss die SPD-FDP-Mehrheit im Ältestenrat des
Bundestages, bei der nächsten Plenarsitzung einen SPD-Antrag
zu verhandeln, der den Minderheitskanzler zwingen sollte, die
Vertrauensfrage zu stellen. Erhard weigerte sich. »Aber schon
die Annahme dieser Aufforderung im Bundestag kam praktisch
einem Misstrauensvotum gleich.«[32] Im Oktober hatte Franz Josef Strauß nur mit Mühe einen Beschluss des CSU-Landesvor-
standes verhindern können, die CSU-Minister aus der Regierung zurückzuziehen. Ein Schritt, den dann die FDP mit ihren
Ministern vollzieht.

Bei der Aufstellung des Haushalts 1967 wollte Erhard die Fi-
nanzierungslücke von rund 7 Milliarden DM mit Steuererhöhungen ausgleichen, die FDP verlangte Einsparungen. Im Kabinett einigte man sich auf Steuererhöhungen, denen auch die
FDP-Minister zustimmten. Ein verheerendes Medienecho war
die Folge: Die FDP war mal wieder »umgefallen«.

Auch in der FDP-Fraktion war die Empörung groß, sie zwang
ihre Minister zum Rücktritt. Erhard bildete am 27. Oktober
eine Minderheitsregierung aus CDU und CSU, erklärte aber
schon am 2. November seine Bereitschaft zum Rücktritt, nachdem der Bundesrat seinen Haushaltsentwurf, der immer noch

eine Deckungslücke von 4 Milliarden DM aufwies, abgelehnt hatte.

Faktisch hat also die FDP-Fraktion Erhard gestürzt, aber die heftigen internen Auseinandersetzungen in der Unions-Fraktion haben diesen letzten Schritt mit Fleiß vorbereitet und möglich gemacht. Erhard wurde nur ein Jahr nach seinem großen Wahlsieg schlicht abserviert.

Am 30. November 1966 tritt Erhard zurück. »Hauptsache, et is einer wech«[33], war der kühle Kommentar von Konrad Adenauer. Einen Tag später bestimmt die Unionsfraktion Kurt Georg Kiesinger zum Kanzler-Kandidaten, am 1. Dezember wird er vom Parlament zum Bundeskanzler gewählt.

1897	Am 7. Februar in Fürth geboren
1916	Abschluss einer Lehre als Weißwarenhändler
1916-1919	Kriegsdienst
1919-1922	Handelshochschule Nürnberg, Abschluss als Diplomkaufmann
1922-1925	Studium der Betriebswirtschaft und Soziologie an der Universität Frankfurt/Main, Promotion
1928-1942	Zunächst Assistent, dann Mitglied der Geschäftsführung des Instituts für Wirtschaftsbeobachtung der deutschen Fertigware
1942-1945	Gründung des Instituts für Industrieforschung
1945-1946	Bayerischer Staatsminister für Wirtschaft
1947	Leiter der »Sonderstelle Geld und Kredit«
1948	Direktor der Verwaltung für Wirtschaft des Vereinigten Wirtschaftsgebiets
1949-1963	Bundeswirtschaftsminister
1963	Nach Rücktritt Konrad Adenauers Bundeskanzler
1965	Zweites Kabinett Erhard
1966	Rücktritt am 30. Dezember
1977	Am 5. Mai in Bonn gestorben

KANZLER AUF ZEIT –
KURT GEORG KIESINGER

Andere wurden aus dem Amt gedrängt, Kurt Georg Kiesinger musste eher reingedrängt werden. Er war Abgeordneter im ersten Bundestag 1949, wurde sofort in den Fraktionsvorstand gewählt und wurde 1954 Vorsitzender des Auswärtigen Ausschusses – eine große bundespolitische Karriere schien sich anzubahnen. Aber Ende 1958 ließ Kiesinger sich überreden, als Ministerpräsident zurück nach Stuttgart zu gehen. Adenauer bedauerte diesen Schritt, und Kiesinger antwortete, er wolle endlich auch mal regieren.[1]

1966 wurde er als Nothelfer zurückgerufen. Sein Auftrag: eine große Koalition zu bilden. Zwar hatte die FDP dem ungeliebten Kanzler Erhard den letzten Tritt gegeben, aber weder Union noch SPD dachten daran, mit diesen unzuverlässigen Gesellen zu koalieren, obwohl beide »kleine« Koalitionen möglich gewesen wären. Die Kräfte in der Union, die Erhard weghaben wollten, hatten schon seit Jahren für eine große Koalition plädiert, und auch in der SPD gab es seit Langem emsige Bemühungen, eine große Koalition vorzubereiten. Hinter den Kulissen waren sich die entschiedenen Befürworter wie Carlo Schmid mit der Union längst einig geworden. Die endgültige Entscheidung fiel in der Nacht zum 27. November 1966: Da votierte die SPD-Fraktion mit großer Mehrheit für eine Regierungsbeteiligung.

Kiesinger freilich war zunächst ein Problem. Zwar traute er sich das Amt zu, aber er war doch hin- und hergerissen, ob er wirklich antreten sollte.[2] Und zwar aus denselben Gründen, aus denen auch in CDU und SPD einige Zweifel an der Eignung des Kandidaten bestanden. Helmut Schmidt hat 2006 vor der SPD-Fraktion erklärt, wie das vierzig Jahre vorher war: »Manche Sozialdemokraten empfanden die Vorstellung einer schwarz-roten Koalition unter Kiesinger als widernatürliche Unzucht.«[3]

Kiesinger war schon 1933 in die NSdAP eingetreten, war Mitglied des Nationalsozialistischen Kraftfahrerkorps, Nazifunktionär in der Studentenverbindung »Askania« – ein begeisterter Nationalsozialist der ersten Stunde, sollte man meinen. Kiesingers Lesart: Er habe durch Parteibeitritt und Funktionärsaktivitäten die NS-Ideologie verändern, Exzesse verhindern und der Rassenpolitik entgegenwirken wollen.[4]

1940 wurde Kiesinger wissenschaftlicher Mitarbeiter im Auswärtigen Amt unter Joachim von Ribbentrop, 1942 stellvertretender Abteilungsleiter der Rundfunkpolitischen Abteilung, in dieser Funktion auch Verbindungsmann zum Propagandaministerium von Joseph Goebbels. Zwar wurde er im Entnazifizierungsverfahren zunächst als Mitläufer eingestuft, dann vollständig entlastet, doch Teile der Öffentlichkeit fanden es empörend genug, dass die CDU für das Amt des Regierungschefs keinen Besseren als einen alten Nazi aufbieten konnte.

Alternativen hat es gegeben: Der CDU-Vorstand schlug Anfang November 1966 Rainer Barzel, Eugen Gerstenmaier, Kurt Georg Kiesinger und Gerhard Schröder als Kandidaten für Erhards Nachfolge vor. Als die CSU beschloss, Kiesinger zu unterstützen, verzichtete Gerstenmaier. Aber die Unionsfraktion hatte immer noch die Wahl zwischen drei Kandidaten. Sie entschied sich für den ehemaligen Nazi.

Sehr zum Unmut mancher Zeitgenossen. Günter Grass, der später selbst von seiner Waffen-SS-Vergangenheit eingeholt wurde, forderte Kiesinger in einem offenen Brief auf, auf die Kandidatur zu verzichten.[5] Der Philosoph Karl Jaspers fand empörend, dass »ein alter Nationalsozialist an der Spitze« des Staates stehen solle, er gab seinen deutschen Pass zurück und wurde Schweizer Staatsbürger. »Kein Parteigenosse als Kanzler« schrieb Marion Gräfin Dönhoff in der »Zeit«.[6] Es sei ein »Armutszeugnis« für die Union, keinen unbelasteten Kandidaten gefunden zu haben.

Da kam Kiesinger der »Spiegel« zu Hilfe, dem der US-Geheimdienst CIA ein Dokument aus SS-Akten zugespielt hatte. Ein Mitarbeiter Kiesingers hatte ihn denunziert. »In der Rundfunkpolitischen Abteilung des Auswärtigen Amtes [...] ist es der frühere Verbindungsmann der Abteilung zum Pro[paganda] mi[nisterium] und jetzige stellvertretende Abteilungsleiter Kiesinger, der nachweislich die antijüdische Aktion hemmt.«[7]

Trotz dieser Entlastung kein allzu schöner Start für einen neuen Kanzler, aber alle Beteiligten waren finster entschlossen, es miteinander zu wagen, zumal beide Seiten bei den Personalien einiges zu schlucken hatten. »Carlo Schmid hat damals das Wort vom Krötenschlucken geprägt«, erzählte Helmut Schmidt vierzig Jahre später. »Wir Sozis mussten die Kröten Strauß und Kiesinger schlucken. Strauß war eine Kröte wegen der Lüge vom Landesverrat in der Sache ›Spiegel‹, Kiesinger war eine Kröte als ehemaliger Nazi. Und auf unserer Seite musste die CDU und musste die CSU den ehemaligen Kommunisten Herbert Wehner schlucken, und sie musste Gustav Heinemann schlucken, der ein Mitglied der CDU gewesen war und gegenüber Adenauer abtrünnig geworden war.«[8]

Die Widerstände gegen Strauß waren in der SPD-Fraktion fast so groß wie die gegen Kiesinger. Zwei Jahre vorher hatte

Willy Brandt auf einem SPD-Parteitag erklärt:»Ein Zusammengehen mit Herrn Strauß steht nicht zur Debatte.«[9] Das sehen 1966 immer noch viele Genossen so.»Wenn man mit der CDU/CSU koaliere«, beschreibt Carlo Schmid die Stimmung in der Fraktion,»koaliere man mit Franz Josef Strauß.«[10] Aber Wehner drängt, und ein Brief des todkranken Fraktionsvorsitzenden Fritz Erler vom Krankenbett gibt schließlich den Ausschlag. Die Regierungsbildung geht erstaunlich schnell. Nach zehn Tagen steht das Kabinett. Das Problem: Auch Kiesinger war von vornherein ein Übergangskanzler. Der dritte in der Geschichte der Bundesrepublik. Adenauer hatte sich mit dem Versprechen, nur für den Übergang anzutreten, die erste Kanzlerschaft ermogelt. Erhard war von den eigenen Leuten nur als Übergangslösung gesehen worden. Und Kiesinger war es gleichsam programmatisch. In seiner Regierungserklärung sagt er:»Die stärkste Absicherung gegen einen möglichen Missbrauch der Macht ist der feste Wille der Partner der Großen Koalition, diese nur auf Zeit, also bis zum Ende dieser Legislaturperiode fortzuführen.«[11]

Das Regieren wird unter diesen Umständen rasch problematisch, weil jede Seite versuchen muss, sich zu profilieren (zwangsläufig gegen den anderen), um günstige Startbedingungen für die nächste Wahl zu haben.

Die Rolle Kiesingers als »wandelnder Vermittlungsausschuss« ist zum einen seinem Naturell geschuldet: Er ist ein Mann der Kompromisse, nicht des Streits.»Kiesingers persönlicher Anteil bestand in der Koordinierung, im Ausgleich widerstrebender Interessen im Kabinett und in der Gesellschaft.« So Günter Diehl, ab 1967 Pressesprecher der Regierung Kiesinger.[12] Zum anderen blieb ihm in dieser Koalition aus zwei annähernd gleich starken Partnern kaum eine Chance, eigene Akzente zu setzen. Mit Willy Brandt, Herbert Wehner und Helmut

Schmidt auf SPD-Seite sowie Franz Josef Strauß und Rainer Barzel auf Unionsseite hatte er es mit starken, selbstbewussten und ambitionierten Männern zu tun.

Oder wie SPD-Fraktionschef Helmut Schmidt sagte: »Die Richtlinienkompetenz des Bundeskanzlers sollte man innerhalb einer großen Koalition nicht überschätzen. Es gibt keine Richtlinien gegen Brandt und Wehner.«[13] Kiesinger formulierte das Lebensgesetz der Regierung angesichts der Gegensätze zwischen Union und SPD so: »Wenn es in der großen Koalition Konflikte gibt, dann sind es echte Konflikte, bei denen man entweder zu einem Kompromiss kommt oder zu einer Ausklammerung der Lösung.«[14] Kompromiss und Ausklammern – das prägte sein Regierungsgeschäft.

Für viele gelang der Regierung Kiesinger/Brandt die wirtschaftliche Sanierung überraschend schnell. Zwar ging es zunächst weiter bergab. Innerhalb von sechs Monaten stieg die Zahl der Arbeitslosen auf 300.000, im Frühsommer 1967 waren es 600.000. Die Produktion stagnierte, in Teilbereichen sank sie sogar, der Begriff des Null- oder Minus-Wachstums kam in Umlauf. Aber im Lauf des Jahres bekam die große Koalition die Rezession allmählich in den Griff. Ein Beschäftigungsprogramm in Höhe von 2,5 Milliarden Mark mit Investitionen bei Bahn, Post, in Bildung und Forschung wurde aufgelegt, im Sommer 1967 folgte ein zweites in Höhe von 2,8 Milliarden Mark. Die Talsohle der Rezession war damit im Sommer 1967 durchschritten.

1968 wurde ein reales Wachstum des Bruttosozialprodukts von 7,3 Prozent erreicht, 1969 sogar 8,2. Der Haushalt war ausgeglichen, die Arbeitslosenzahl sank auf 247.000 bei über 700.000 offenen Stellen.

Bemerkenswert daran: Das alles wurde erreicht durch die fast reibungslose Zusammenarbeit zweier Politiker, denen man das so nicht zugetraut hätte: Karl Schiller (SPD) als Wirtschafts- und Franz Josef Strauß (CSU) als Finanzminister. Das Pärchen erreichte unter dem Markenzeichen »Plisch und Plum« große Popularität. Auch sonst konnte die Regierung Kiesinger Erfolge verbuchen: Strafrechtsreform, Reform des Familien- und Eherechts, Neuordnung des Bund-Länder-Verhältnisses.

Während Kiesingers Amtszeit werden auch die Kontakte in den Osten verbessert. Zwischen 1967 und 1968 nimmt die Bundesrepublik diplomatische Beziehungen zu Rumänien, der CSSR und Jugoslawien auf, das ist zumindest ein Einstieg in die Ostpolitik, an den Brandt später als Kanzler anschließen kann.

In der öffentlichen Wahrnehmung spielte das aber nur eine Nebenrolle. Eine Regierung mit einer ohnmächtigen parlamentarischen Opposition gab der sich jetzt bildenden außerparlamentarischen Opposition mächtig Auftrieb, die Studentenunruhen begannen. Besonders umstritten waren die Notstandsgesetze, welche die Handlungsfähigkeit des deutschen Staates in Krisensituationen sichern sollten. Im Zuge der 68er-Bewegung wird auch Kiesingers NS-Vergangenheit wieder zum Thema. Am 7. November 1968 kommt es auf dem CDU-Parteitag zum Eklat: Beate Klarsfeld, eine deutsch-französische Journalistin, ohrfeigt Kiesinger in aller Öffentlichkeit, um darauf aufmerksam zu machen, dass die Mitwirkung des Bundeskanzlers am nationalsozialistischen Regime nicht ausreichend thematisiert wird.

AUSMANÖVRIERT

Viele Politiker und Journalisten waren davon überzeugt, dass das Ende der ersten Amtsperiode von Kurt Georg Kiesinger auch sein Ende als Kanzler sei. Schon früh schien sich abzuzeichnen, dass sich eine sozialliberale Koalition anbahnte. Helmut Schmidt hatte sogar verkündet:»Spätestens 1969 wird die SPD über die absolute Mehrheit im Bundestag verfügen.«[15] Und Kiesinger?»Als Kanzler sah er nicht, oder wollte nicht sehen, wie sich die neue Konstellation formierte.«[16] Er nahm an, dass in der FDP keine Mehrheit für ein Bündnis mit der SPD zu erreichen war und dass genügend SPD-Leute die große Koalition fortsetzen wollten. Immerhin waren Herbert Wehner und Helmut Schmidt nicht abgeneigt. Kiesinger wollte lange nicht glauben, dass eine Fortsetzung der Koalition unrealistisch war, und war ernsthaft verletzt darüber, dass der Koalitionspartner ihm in der zweiten Halbzeit der Legislaturperiode nicht klar sagte, wo es langgehen sollte.

Dabei hatte es genug Signale gegeben: Die Wahl Gustav Heinemanns zum Bundespräsidenten im März 1969 wurde als ein »Stück Machtwechsel« interpretiert, auch von Heinemann selbst, es gab Andeutungen und Hinweise in Interviews von Brandt und Scheel[17] – das alles konnte Kiesinger nicht entgangen sein.

Trotzdem sah es am Abend des 28. September 1969 zunächst nicht gut aus für eine neue Koalition. Die Union hatte den Wahlkampf mit dem Slogan»Auf den Kanzler kommt es an« geführt. Der schien gewirkt zu haben. 47,6 Prozent für die Union, sagen die Umfragen am Wahlabend um 21 Uhr. Und das hieß für deren Fraktionschef Barzel:»Es ist klar, dass der Führungsanspruch bei der CDU/CSU liegt.«[18] Im Palais Schaumburg und in der CDU-Zentrale wird gefeiert, im Park des Kanzleramts veranstalten Jungunionisten einen Fackelzug, Kiesinger nimmt die Glückwünsche des US-Präsidenten zum Wahlsieg entgegen, im Ollenhauerhaus haben die Anhänger einer zweiten großen Koalition Oberwasser, und bei der FDP herrscht Grabesstimmung. Walter Scheel hatte schon am frühen Abend im ZDF verkündet: »Ich bin der Verlierer dieser Wahl.«

Aber im Laufe des Abends ändert sich der Trend der Hochrechnungen bemerkenswert, eine Mehrheit für eine sozialliberale Koalition beginnt sich abzuzeichnen. Karl Schiller drängt die Genossen, nun Farbe zu bekennen, aber die wollen noch beraten, während Schiller vor den Fernsehkameras verkündet: »Ich persönlich neige zu einer Koalition mit der FDP. Doch die SPD ist selbstverständlich nicht festgelegt.«

Die Führung der SPD berät im Präsidiumszimmer, gegen 22 Uhr 30 tut Willy Brandt den entscheidenden Schritt: »Ich rief Scheel von meinem Parteibüro aus an und sagte ihm, ich würde öffentlich darauf hinweisen, dass SPD und FDP mehr Stimmen und Mandate hätten als CDU und CSU und dass ich deshalb versuchen würde, gemeinsam mit den Freien Demokraten die neue Bundesregierung zu bilden.«[19] Scheel erinnert sich, Brandts Vorschlag nur mit einem knappen »Ja, tun Sie das!« beantwortet zu haben. Brandt hatte den Eindruck, dass Scheel wegen des verheerenden FDP-Ergebnisses am Boden zerstört sei. »Scheel verhielt sich abwartend. Er hat mich von meiner Erklärung nicht abgehalten, mir aber auch keine Zusagen gemacht.«[20]

Kurz vor Mitternacht erklärt Brandt in Rundfunk und Fernsehen: »Die SPD ist die stärkste Partei, die CDU die zweitstärkste. Die FDP hat stark verloren, die CDU hat schwach verloren. Einer, der stark verliert, und einer, der schwach verliert, sind zusammen immer noch Verlierer.« Und schließlich: »SPD und FDP haben mehr als CDU und CSU. Das ist das Ergebnis.«

Brandt war sich seiner Sache ungewohnt sicher. Er, der sonst häufig unsicher war und zauderte, hatte in dieser Wahlnacht die Initiative ergriffen, während die Unionsführung noch Angebote an die FDP formulierte und eigene Genossen an die Fortsetzung der Koalition mit CDU/CSU glaubten. Arnulf Baring schreibt über diesen Abend: »Kein Mensch hat ihn vorher oder nachher so aktiv gesehen wie an diesem Abend, in dieser Nacht des 28. September, nie sonst so zielstrebig und energisch. Kein Hamlet mehr, kein Parzifal. Ein Mann beherzter, jugendlich beschwingter Tat. Es war, als habe Brandt ... lange auf diesen Augenblick gewartet, als seien plötzlich alle Schleusen seiner Kraft geöffnet, Brandt ganz erwachsen und frei.«[21]

Für Kiesinger liegt eine gewisse Tragik in alledem. Schließlich wird die Union am 28. September mit geringen Verlusten (minus 1,5 Prozent) stärkste Partei. 46,1 Prozent, ihr bis dahin zweitbestes Ergebnis. Ein überzeugender Sieg. Zwar gewinnt die SPD 3,4 Prozent dazu, gleichzeitig verliert die FDP deutlich (minus 3,7) und kommt mit 5,8 Prozent – schlechtestes Ergebnis seit 1949 – gerade noch so in den Bundestag. Da durfte Kiesinger sich Hoffnungen machen. Aber der Sieger, ein wiedergewählter Kanzler, wurde durch eine Hinterzimmervereinbarung ausgebootet. Kein ungewöhnliches Manöver, keins, das die Verfassung verbietet, das ist klar. Aber es bleibt ein fader Geschmack zurück, ein Geruch nach Mauschelei.

Brandts Kanzlerschaft war das Ergebnis einer Verabredung, einer Verabredung gegen den Wahlsieger. Mit dieser Wahl zog in Politik, Politikwissenschaft und Journalismus in Deutschland der Glaube ein, dass Wähler nicht nur Parteien, sondern auch Koalitionen wählen. So wurde in beiden Schmidt-Wahlen (1976 und 1980) angeblich die sozialliberale Koalition »bestätigt« – beide Male lag die Union deutlich vor der SPD.

1904	Am 6. April in Ebingen geboren
1925	Studium Philosophie und Geschichte in Tübingen
1926-1930	Studium Rechts- und Staatswissenschaften in Berlin
1931	Referendar im Preußischen Justizdienst
1933	Mitglied in der NSDAP
1940-1942	Wissenschaftlicher Hilfsarbeiter im Auswärtigen Amt
1942-1945	Stellvertretender Leiter der Rundfunkpolitischen Abteilung im AA
1945-1946	Internierung durch US-Militärs
1948	Rechtsanwalt in Tübingen und Würzburg
1949-1959	Mitglied des Bundestages
1958-1966	Ministerpräsident von Baden-Württemberg
1966-1969	Bundeskanzler
1969-1980	Mitglied des Bundestages
1988	Am 9. März in Tübingen gestorben

DER MANN DER OSTVERTRÄGE – WILLY BRANDT

21. Oktober 1969, 10 Uhr, Deutscher Bundestag, Parlaments-präsident Kai-Uwe von Hassel (CDU) verliest einen Brief von Bundespräsident Gustav Heinemann (SPD): »Gemäß Artikel 63 Absatz 1 des Grundgesetzes schlage ich dem Deutschen Bundestag vor, Herrn Willy Brandt zum Bundeskanzler zu wählen.« Fast anderthalb Stunden später verkündet von Hassel das Ergebnis: »Gesamtzahl der abgegebenen Stimmkarten 235, Zahl der ungültigen Stimmkarten vier, Zahl der Stimmenthaltungen fünf.« Der Beifall für Willy Brandt kommt nur zögernd, schwillt erst allmählich an. Während die Unionsführung auf Brandt zukommt, gratuliert Helmut Schmidt, Vorsitzender der SPD-Fraktion, als Erster. Dann die Vertreter der Union – Kurt Georg Kiesinger, Rainer Candidus Barzel, Richard Stücklen –, danach Walter Scheel, Hans-Dietrich Genscher, Wolfgang Mischnick und Werner Mertes von der FDP, dann erst Herbert Wehner.

Er gibt Brandt die Hand und deutet – hölzern, unentschlossen – eine Umarmung an, mit einer merkwürdig abrupten Bewegung legt Wehner seinen Kopf auf Brandts Schulter, der klopft ihm verlegen und gerührt auf den Rücken, beide kämpfen mit den Tränen. Und ebenso abrupt beendet Wehner diese missglückte Umarmung und wendet sich ab. Willy Brandt ist Bundeskanzler, für beide ein bewegender Augenblick. Der Weg dahin war lang für Willy Brandt und häufig steinig.[1]

Seine bundespolitischen Neigungen waren zunächst nicht sonderlich ausgeprägt. Zwar war er die ersten beiden Legislaturperioden (1949 bis 1957) Bundestagsabgeordneter, aber er war überwiegend damit beschäftigt, sich in der Berliner SPD eine Hausmacht zu schaffen. Anfang der 50er Jahre brachte Brandt in zäher Überzeugungsarbeit die Berliner SPD-Basis Stück für Stück, Ortsverein für Ortsverein auf seine Seite.

Als Otto Suhr im August 1957 starb, kam Brandts große Chance: Regierender Bürgermeister zu werden. Seine Popularität in Berlin war nach Reisen in die USA, nach Italien und Jugoslawien deutlich gestiegen, seine Rolle während des Ungarnaufstands machte ihn endgültig zu einer Art Volksheld.

Am Abend des 5. November 1956, als die Nachrichten über die blutige Niederschlagung des Aufstands in Budapest kamen, demonstrierten Zehntausende Berliner vor dem Schöneberger Rathaus, Sprechchöre forderten »Zum Brandenburger Tor«, einige wollten sich bewaffnen. Brandt stieg in einen Lautsprecherwagen der Polizei und lenkte den Demonstrationszug zum Steinplatz, wo er die Menge beruhigte. Am Brandenburger Tor war es inzwischen zu Zusammenstößen mit der Polizei gekommen, die Menge wollte in den Ostsektor marschieren, wieder gelang es Brandt, die Leute zu beruhigen – wie auch ein weiteres Mal an diesem Abend, wieder am Brandenburger Tor. »Er war der neue Held« – so Klaus Schütz, später auch Regierender Bürgermeister.

Am 3. Oktober 1957 wird Willy Brandt Regierender Bürgermeister, im Januar 1958 auch Berliner SPD-Vorsitzender, an den Schaltstellen der Berliner SPD lauter Brandt-Leute, im Ausland war er »Mister Berlin« – er war auf dem Gipfel seiner Berliner Macht.

1961 trat Brandt zum ersten Mal bei einer Bundestagswahl an – gegen Konrad Adenauer. Und verlor. Enttäuscht legte er sein Bundestagsmandat nieder und ging nach Berlin zurück. Nach dem Tod Erich Ollenhauers wurde Brandt im Februar 1964 Parteivorsitzender und abermals zum Kanzlerkandidaten nominiert. Und er verlor wieder. Ludwig Erhard blieb mit dem zweitbesten Ergebnis der Union seit 1949 Kanzler.

Brandt ist geradezu schockiert von diesem Ergebnis. Das ist seine persönliche Niederlage: »Das deutsche Volk hat nicht gegen die SPD entschieden, es hat gegen mich entschieden.« Völlig deprimiert erklärt er noch in der Wahlnacht, ohne sich mit der SPD-Spitze abzusprechen: »Ich bin kein Anwärter auf das Amt des Kanzlerkandidaten für 1969.«²

Seine Einschätzung war nicht ganz falsch. »Willy Brandt kann nicht zum dritten Mal Kanzler-Kandidat der SPD werden«, schreibt der »Spiegel« am 24. August 1965. »Wenn es dem Berliner Bürgermeister nicht gelingt, die Sozialdemokratie in diesem Herbst an die Macht oder in eine Regierungs-Koalition zu bringen, dann muss er für 1969 einem anderen Platz machen. So ist es in den Führungszirkeln der Partei verabredet worden.«³ Und dieser andere, davon sind viele überzeugt, wird Helmut Schmidt heißen.

Die große Koalition aber hatte einen anderen Weg ermöglicht. Als Außenminister und Vizekanzler ist Brandt nun ganz selbstverständlich Kanzlerkandidat. Sehr zur Schadenfreude von CDU-Generalsekretär Bruno Heck. »Mit dem altbewährten Verlierer Brandt ist uns gut gedient.«⁴ Brandt selbst ist nicht überzeugt. Er habe sich nicht erneut um die Führung einer Bundesregierung beworben, erklärt er. »Das Präsidium der Partei hat vielmehr empfohlen, der jetzige Außenminister und Vizekanzler sollte die Führung der Regierung übernehmen, wenn der Wahlausgang dies möglich macht.«⁵ Er machte es möglich.

Die Regierungsbildung macht wenig Schwierigkeiten, es gibt kaum inhaltliche Differenzen, die Koalitionsvereinbarung bleibt recht allgemein. Die Kanzlerwahl am 21. Oktober schildert Brandt im Nachhinein als problemlos. Er habe nie Zweifel an seiner Wahl gehabt und vormittags sogar schon Kanzler-Autogrammkarten unterschrieben. Tatsächlich waren nicht alle Koalitionäre ihrer Sache sicher. Eine Woche zuvor hatte Fraktionschef Schmidt seine Leute noch zu »eiserner Disziplin« aufgerufen und strikt untersagt, dass auch nur ein Abgeordneter am Tag vor der Wahl noch nach Hause fährt oder fliegt: Die Wahl Willy Brandts durfte nicht an Zugverspätungen, wegen Nebels ausgefallenen Flügen oder anderen Unwägbarkeiten scheitern. Schmidt wollte alle Zufälle ausschließen, deshalb setzte er für den frühen Morgen des 21. Oktober eine Zählsitzung an, alle Fraktionsmitglieder mussten angeben, wo sie wohnten und »in welchem Bett sie schliefen«, so Schmidts Order.

Das knappe Ergebnis gab Schmidt Recht: Es waren weniger Stimmen, als Brandt sich ausgerechnet hatte. Nur 251 Abgeordnete stimmten für ihn, drei weniger als die Koalitionsmehrheit, aber immerhin noch zwei mehr als die erforderliche absolute Mehrheit. Vier Stimmen waren ungültig. Auf den Zetteln stand: »Armes Deutschland«, »Danke nein«, »Frahm nein« und »Amos 5,20«. Der entsprechende Bibelvers lautet: »Ja, des Herrn Tag wird finster und nicht licht sein, dunkel und nicht hell.« Die Auseinandersetzungen mit Brandt versprachen auf konstant niedrigem Niveau zu bleiben.

Den meisten Beteiligten war indes klar, dass es sich hier um ein historisches Ereignis handelte. Nicht nur stand zum ersten Mal nach dem Zweiten Weltkrieg ein Sozialdemokrat an der Spitze der Regierung, sondern auch ein Deutscher, der gegen die Nazis gekämpft hatte, ein Vertreter des »anderen Deutschland«. Mit bemerkenswertem Selbstbewusstsein erklärte Brandt noch in der Wahlnacht vor ausländischen Journalisten:

»Jetzt hat Hitler den Krieg endgültig verloren. Ich verstehe mich als Kanzler nicht eines besiegten, sondern eines befreiten Deutschland.«[6] Das bezog sich auch auf die Schmähungen, die Brandt vor allem in den Wahlkämpfen 1961 und 1965 über sich ergehen lassen musste. Adenauer war sich nicht zu schade, mit Brandts unehelicher Herkunft Politik zu machen (»Der Harr Brandt alias Frahm«), Erhard betonte, dass er sich schon um die D-Mark gekümmert habe, »als Brandt seinen Fuß noch nicht auf deutschen Boden gesetzt hatte«, und Strauß meinte: »Eines wird man Herrn Brandt doch fragen dürfen: Was haben Sie zwölf Jahre draußen gemacht? Wir wissen, was wir drinnen gemacht haben.« Auch diese Vergangenheit war für Brandt jetzt überwunden. Ein Neuanfang sollte gewagt werden, diese Botschaft ging von solchen Äußerungen aus, und genau das erwarteten die Wähler von der sozialliberalen Koalition.

Nur: Hatten die Wähler tatsächlich diese Koalition gewählt? Zur Erinnerung: Gewinner der Wahl war die Union, war Kanzler Kiesinger. Mit 3,4 Prozentpunkten Vorsprung vor der SPD. Und der Koalitionspartner klaute ihm diesen Sieg, indem er sich heimlich, hinter dem Rücken des Siegers, mit dem absoluten Verlierer dieser Wahl verbündete – mit der FDP, die gerade so in den Bundestag gerutscht war. Roch das nicht ein bisschen komisch?

Richtig ist allerdings, dass die SPD-FDP-Koalition am Abend des 28. September 1969 nicht vom Himmel fiel. Oder von Brandt und Scheel aus der Trickkiste geholt wurde. Im Wahlkampf war die FDP zwar unklar geblieben, aber drei Tage vor dem Wahltag hatte FDP-Chef Scheel im ZDF unmissverständlich angekündigt, dass er mit der SPD eine Regierung bilden wolle, wenn die Zahlen das hergäben. Und Willy Brandt war schon im Herbst 1966 für eine sozialliberale Koalition eingetreten. Damit hatte er in Berlin gute Erfahrungen gemacht.

Auch die Wahl von Bundespräsident Gustav Heinemann (SPD) wurde als eine Art Probelauf für sozialliberale Bündnisse interpretiert. Heinemann war gegen Gerhard Schröder (CDU) angetreten, der in allen Regierungen von 1953 bis 1969 wichtige Ämter übernommen hatte – als Innen-, Außen- und Verteidigungsminister. Die FDP hatte signalisiert, für Heinemann, also gegen den CDU-Kandidaten, zu stimmen. Das funktionierte dann auch, wenn auch sehr knapp und erst im dritten Wahlgang.

Heinemann selbst hat seine Wahl als ein »Stück Machtwechsel« bezeichnet, ein arg vollmundiger Begriff, der dann in Zeitungen, Büchern und Aufsätzen zum Selbstläufer wurde. Danach waren die Wähler seit dem 5. März 1969 darauf programmiert, diesen Machtwechsel nun auch bei der Wahl der Bundesregierung zu vollziehen. Die Frage ist: Welch ausgefeilte Wahlstrategie soll dahinterstecken, wenn die zum »Machtwechsel« auserkorene FDP mit 5,8 Prozent gerade mal so in den Bundestag kommt und die SPD hinter der Union landet?

Will sagen: Ein expliziter »Wählerwille« zu »Machtwechsel« und »Zeitenwende«, wie suggeriert wurde, war kaum zu erkennen. Tatsächlich bildete sich seit dem Ende der Ära Adenauer eine »linksliberale« Presse heraus, die vor allem während der großen Koalition für die Bildung einer sozialliberalen Regierung eintrat: »Spiegel«, »Zeit«, »Stern«, »Süddeutsche Zeitung«, »Frankfurter Rundschau« und einige einflussreiche Regionalzeitungen gehörten dazu. Die kommentierten die Bildung der SPD-FDP-Koalition dann auch als »historische Zäsur«, »Machtwechsel«, »Ende der Nachkriegszeit«.[7] Aber selbst wenn dieser Medientrend mit der Stimmung in der Bevölkerung übereingestimmt haben sollte – das Wahlergebnis war kein »linksliberales« Votum. Die sozialliberale Koalition 1969 kam zustande, weil SPD und FDP die Union ausgebootet haben. Das war zwar verfassungskonform, aber es hat ein »Gschmäckle«.

MEHR DEMOKRATIE WAGEN

»Die Politik dieser Regierung wird im Zeichen der Erneuerung stehen«, das ist der zentrale programmatische Satz in der mit Spannung erwarteten Regierungserklärung vom 28. Oktober 1969. Brandt spricht damit ganz bewusst die unruhige junge Generation an: »In den letzten Jahren haben manche in diesem Lande befürchtet, die zweite deutsche Demokratie werde den Weg der ersten gehen. Ich habe dies nie geglaubt. Ich glaube dies heute weniger denn je. Nein: Wir stehen nicht am Ende unserer Demokratie, wir fangen erst richtig an.«

Brandt verspricht innere Reformen und Demokratisierung der Gesellschaft, er verspricht, den Wunsch der jungen Generation nach Mitsprache und Teilhabe ernst zu nehmen: »Solche demokratische Ordnung braucht außerordentliche Geduld im Zuhören und außerordentliche Anstrengung, sich gegenseitig zu verstehen. Wir können nicht die perfekte Demokratie schaffen. Wir wollen eine Gesellschaft, die mehr Freiheit bietet und mehr Mitverantwortung fordert.« Das Verhältnis des Bürgers zum Staat und zur Regierung solle sich grundlegend ändern. »Die Regierung kann in der Demokratie nur erfolgreich wirken, wenn sie getragen wird vom demokratischen Engagement der Bürger. Wir haben so wenig Bedarf an blinder Zustimmung, wie unser Volk Bedarf hat an gespreizter Würde und hoheitsvoller Distanz. Wir suchen keine Bewunderer; wir brauchen Menschen, die kritisch mitdenken, mitentscheiden und mitverantworten.« Und weiter: »Wir sind keine Erwählten, wir sind

Gewählte. Deshalb suchen wir das Gespräch mit allen, die sich um diese Demokratie mühen.«

Mit solchen Sätzen redet Brandt sich in die Köpfe und Herzen auch solcher jungen Wähler, die bislang die SPD eher als das »kleinere Übel« gewählt hatten, und sie werden von Freunden und Gegnern in der Folgezeit immer wieder zitiert, vor allem sein Ausspruch: »Wir wollen mehr Demokratie wagen«. Mit diesem Satz wird Brandt zur Identifikationsfigur vor allem jüngerer Sozialdemokraten und auch vieler Liberaler, die zum Teil von Ausflügen in revolutionäre Träume ins Reformlager zurückgekehrt waren. Die Verheißungen der Regierungserklärung vom 28. Oktober 1969 werden zum Ausgangspunkt der beispiellosen Popularität Willy Brandts, die ihren Höhepunkt dann bei der Kanzlerwahl 1972 erreichte.

Die Liste der Reformvorhaben, die Brandt ankündigte, war umfangreich: ein neues Bodenrecht, Ausbau der Vermögensbildung, Herabsetzung des Wahlalters auf 18 Jahre, ein neues Eherecht, Bildungsreform, Hochschulreform, Beschleunigung des Hochschulneubaus, Gleichberechtigung der Frau – es war eine Art Warenhauskatalog von Reformversprechen, der da vorgestellt wurde. Was später zur Hauptsache der Ära Brandt wurde, die neue Ostpolitik, spielte in der Regierungserklärung von 1969 noch nicht die entscheidende Rolle. Brandt wollte der »Kanzler der inneren Reformen« werden, das hatte er schon am 3. Oktober vor der SPD-Fraktion angekündigt.

Immerhin: Brandt skizziert in seiner Regierungserklärung schon mal, wohin die Reise außenpolitisch gehen soll. »Unser Land braucht die Zusammenarbeit und Abstimmung mit dem Westen und die Verständigung mit dem Osten«, heißt es da, und als erster Schritt zu dieser Verständigung wird der »gegenseitige Verzicht auf Anwendung und Androhung von Gewalt« angeboten. Dieser Gewaltverzicht soll selbstverständlich auch gegenüber der DDR gelten. Der Grundsatz der sozialliberalen Deutschlandpolitik lautet: »20 Jahre nach Gründung der Bundesrepublik Deutschland und der DDR müssen wir ein weiteres Auseinanderleben der deutschen Nation verhindern, also versuchen, über ein geregeltes Nebeneinander zu einem Miteinander zu kommen.« Und weiter: »Eine völkerrechtliche Anerkennung der DDR durch die Bundesregierung kann nicht in Betracht kommen. Auch wenn zwei Staaten in Deutschland existieren, sind sie doch füreinander nicht Ausland; ihre Beziehungen zueinander können nur von besonderer Art sein.«

Diese Formel ging allerdings schon weit über den damaligen deutschlandpolitischen Konsens hinaus. In der Aussprache zur Regierungserklärung hakte Oppositionsführer Barzel denn auch nach: »Wie wollen Sie Ihre Erklärung von den ›zwei Staaten in Deutschland‹ in Einklang bringen mit der Präambel des Grundgesetzes? Wie mit Ihrer Forderung nach Selbstbestimmung aller Deutschen?« Brandts Antwort: »Eine realistische Politik muss von den Realitäten ausgehen.«

Ergebnis dieser Politik: die Ostverträge, die in bemerkenswerter Geschwindigkeit aufeinander folgten. Vom Moskauer Vertrag 1970 bis zum Prager Vertrag 1973 regelte die Bundesregierung in neun großen Vereinbarungen und über dreißig Einzelverträgen ihre Beziehungen zur UdSSR, Polen, der Tschechoslowakei und der DDR auf der Basis von Gewaltverzicht und gegenseitiger Anerkennung. Eine beachtliche Leistung.

Die offensichtlichen Erfolge der Ostpolitik ließ die Kritik der Opposition freilich nicht verstummen. Fraktionsführer Barzel und andere Unionspolitiker wie Ernst Majonica und Richard von Weizsäcker waren der Aussöhnung mit dem Osten gegenüber zwar aufgeschlossen, aber Bayerns Ministerpräsident Strauß trimmte die Mehrheit der Union auf Gegenkurs. Strauß nannte Brandt den »Kanzler des Ausverkaufs«, sprach von

»Finnlandisierung« Deutschlands, also einer Neutralität von Moskaus Gnaden. Der CSU-Abgeordnete Freiherr zu Guttenberg erklärte am 27. Mai 1970 im Bundestag:»Sie, Herr Bundeskanzler, sind dabei, das Deutschlandkonzept des Westens aufzugeben und in jenes der Sowjetunion einzutreten.«

Und auch in der Bevölkerung blieb die Politik der neuen Bundesregierung umstritten. Die Aufregung erreichte einen vorläufigen Höhepunkt mit Brandts Besuch in Warschau zur Unterzeichnung des Vertrags mit Polen am 7. Dezember 1970. Für den Vormittag waren zwei Kranzniederlegungen vorgesehen: Am Grab des Unbekannten Soldaten und am Denkmal für die Opfer des Warschauer Ghettos. Auch dort legen die Träger den Kranz nieder, Willy Brandt ordnet protokollgemäß die Schleife, verneigt sich, tritt einen Schritt zurück, die Hände vor dem Körper gefaltet. Plötzlich sinkt er in die Knie, verharrt so eine halbe Minute, steht auf und wendet sich ab – ein unerhörtes Ereignis. Eine Inszenierung?

Brandt hat später betont, er habe das nicht geplant.»Ich hatte mir freilich am frühen Morgen überlegt, dass es gelingen müsse, die Besonderheit des Gedenkens am Ghetto-Monument zum Ausdruck zu bringen. Unter der Last der jüngsten deutschen Geschichte tat ich, was Menschen tun, wenn die Worte versagen; so gedachte ich Millionen Ermordeter.« Und:»Ich habe mich, trotz hämischer Kommentare in der Bundesrepublik, dieser Handlung nicht geschämt. Wer mich verstehen wollte, konnte mich verstehen; und viele in Deutschland und anderswo haben mich verstanden.«[8]

So sehr viele waren das in Deutschland allerdings nicht. Eine Umfrage im Auftrag des»Spiegel« ergab, dass 48 Prozent der Befragten Brandts Geste für übertrieben hielten, nur 41 Prozent für angemessen. International ist die Anerkennung für Brandts Politik der Aussöhnung umso größer. Sie gipfelt in der

Verleihung des Friedensnobelpreises am 10. Dezember 1971. In der Begründung heißt es:»Bundeskanzler Willy Brandt hat als Chef der westdeutschen Regierung und im Namen des deutschen Volkes die Hand zu einer Versöhnungspolitik zwischen alten Feindländern ausgestreckt. Er hat im Geiste des guten Willens einen hervorragenden Einsatz geleistet, um Voraussetzungen für den Frieden in Europa zu schaffen.« Dieses Mal waren die Reaktionen im Inland ebenso positiv wie im Ausland. »Herr Brandt ist die richtige Wahl«, schrieb die Londoner »Times«, und die »New York Times« kommentierte:»Mehr als irgendein anderer Deutscher hat Willy Brandt dafür getan, das Bild eines dem Neonazismus zuneigenden und nach Revanche dürstenden Deutschland auszulöschen.«

In der Antwort auf die Laudatio sagt Brandt am 10. Dezember in Oslo, die Verleihung des Preises habe für ihn selbst in erster Linie den Sinn, vor aller Welt offenkundig zu machen: »Deutschland hat sich mit sich selbst versöhnt; es hat zu sich selbst zurückgefunden, so wie der Exilierte die friedlichen und menschlichen Züge seines Vaterlandes wiederentdecken durfte.«

Trotz aller Erfolge und Ehrungen geriet die Regierung Brandt in immer größere Schwierigkeiten. Das lag vor allem am Koalitionspartner FDP, der bei drei Landtagswahlen im Jahr 1970 empfindliche Niederlagen einstecken musste: In Niedersachsen und im Saarland kamen die Liberalen nicht mehr in die Parlamente, in Nordrhein-Westfalen schafften sie es mit Ach und Krach. Die FDP befinde sich in einem unaufhaltsamen Zerfallsprozess, hieß es, die Furcht vor Überläufern aus der Bundestagsfraktion macht die Runde.

Erich Mende, Siegfried Zoglmann und Heinz Starke waren unsichere Kandidaten, freilich war bekannt, dass sie ihre Stimme schon bei der Kanzlerwahl nicht Willy Brandt gegeben hatten. Aber es gab noch mindestens drei weitere Kritiker der Ostpolitik am rechten FDP-Flügel: Ernst Achenbach, Gerhard Kienbaum und Knut von Kühlmann-Stumm. Wenn diese auch überliefen, würde es brenzlig für die Regierung Brandt/ Scheel. Die aber machte sich Mut mit einer optimistischen Erklärung zu Gerüchten über mögliche Neuwahlen. Die Zustimmung zur Politik der Bundesregierung sei im Volk weitaus größer als die Koalitionsmehrheit im Bundestag.

Aber die Erosion dieser Mehrheit schien unaufhaltsam: Auf Betreiben Erich Mendes und Siegfried Zoglmanns wurde eine »National-Liberale Aktion« gegründet. Beide kamen dem Ausschluss aus der FDP zuvor und wechselten Anfang Oktober 1970 zur Unionsfraktion, Heinz Starke folgte ihnen. Damit war die Regierungsmehrheit auf jene 251 Abgeordneten geschrumpft, die Willy Brandt zum Kanzler gewählt hatten. Auch als im Oktober 1971 der Berliner Abgeordnete Klaus-Peter Schulz und im März 1972 sein Kollege Franz Seume zur CDU wechselten, war die Regierungsmehrheit noch nicht ernsthaft in Gefahr, da die Stimmen der Berliner Abgeordneten nicht mitzählten. Problematisch wurde es, als – ebenfalls im März 1972 – auch der SPD-Abgeordnete Herbert Hupka zur CDU ging, einen Monat später gefolgt vom FDP-Abgeordneten Wilhelm Helms.

Damit hatte die Regierung nur noch 249, die Opposition 247 Abgeordnete, mit weiteren Überläufern war zu rechnen. In dieser Situation entschloss sich Oppositionsführer Barzel, gedrängt von CSU-Chef Strauß, das konstruktive Misstrauensvotum gegen Brandt zu wagen. Am 23. April 1972, dem Tag der Landtagswahlen in Baden-Württemberg, hatte Helms seinen Wechsel zur CDU verkündet, am 24. April beschloss der CDU-Bundesvorstand auf Antrag des Parteivorsitzenden Barzel, Willy Brandt zu stürzen.

BARZEL SCHEITERT

Drei Tage später soll der Bundestag über folgenden Antrag abstimmen: »Der Bundestag spricht Bundeskanzler Willy Brandt das Misstrauen aus und wählt als seinen Nachfolger den Abgeordneten Dr. Rainer Barzel zum Bundeskanzler der Bundesrepublik Deutschland. Der Bundespräsident wird ersucht, Bundeskanzler Willy Brandt zu entlassen.« Einige CDU-Vorständler – Hans Katzer, Gerhard Stoltenberg, Richard von Weizsäcker – sind gegen dieses Vorgehen, aber Barzel ist sich seiner Sache ganz sicher. Und auch die Mehrheit der Koalitionsabgeordneten ist davon überzeugt, dass Willy Brandts Sturz unmittelbar bevorsteht.

Donnerstag, 27. April 1972, 13 Uhr 22: Starr sitzt er da, fasst sich mit beiden Händen an den Kopf, blickt wie gelähmt vor sich hin. Während um ihn herum Sozial- und Freidemokraten einander um den Hals fallen und im Gedränge um Willy Brandt Freudentränen fließen, kann Rainer Barzel es nicht fassen. 260 Abgeordnete hatten ihre Stimme abgegeben, Herbert Wehner hatte der SPD-Fraktion geraten, an der Abstimmung nicht teilzunehmen. Und soeben hat Bundestagspräsident von Hassel verkündet: »Von den 260 stimmberechtigten Abgeordneten haben für den Antrag gestimmt 247, mit Nein zehn Abgeordnete; drei Stimmen sind Enthaltungen. Die absolute Mehrheit der stimmberechtigten Abgeordneten beträgt 249 Stimmen. Ich stelle fest, dass der von der Fraktion der CDU/CSU vorgeschlagene Abgeordnete Dr. Barzel die Stimmen der Mehrheit der Mitglieder des Deutschen Bundestages nicht erreicht hat.«

Dabei hatte Barzel den Coup so gut vorbereitet, war so sicher gewesen, genug Truppen um sich gesammelt zu haben, um Kanzler zu werden. »Drei Stimmen aus dem eigenen Lager fehlten. Dabei hatten sich alle vorher unmissverständlich erklärt!«, schreibt Barzel später. »Da war nichts Flüchtiges zufällig oder unbedacht geschehen. Von keiner Seite. Da war ein anderer Wille am Werk.«[9]

Dieser »andere Wille« war mit einiger Sicherheit Geldgier. Kühlmann-Stumm und Kienbaum erklärten, sie hätten für Barzel gestimmt, also hätte er mindestens 249 Stimmen bekommen müssen. Karl Wienand, damals parlamentarischer Geschäftsführer der SPD-Fraktion, machte noch eine andere Rechnung auf. Barzel habe sogar fünf Koalitionsabgeordnete abgeworben, also 252 Stimmen auf seiner Seite gehabt. Aber er habe einen dieser Abtrünnigen zurückgeholt. Das bedeutete nach Wienand, dass vier Unionsabgeordnete ihre Stimme Barzel nicht gaben. Einer von ihnen, Julius Steiner, erklärte 1973, er sei von Karl Wienand mit 50.000 Mark bestochen worden. Allerdings verwickelte Steiner sich in Widersprüche, auch ein Bundestagsuntersuchungsausschuss konnte die Affäre nicht endgültig aufklären. Im Laufe der Jahre wurden immer mal wieder Namen möglicher »Verräter« genannt – Prominente wie Erich Mende und Hermann Höcherl waren darunter, aber die Hintergründe liegen bis heute im Dunkeln.

Karl Wienand, dessen politische Karriere wegen anderer Affären scheiterte, schwieg beharrlich. Sein damaliger Chef Herbert Wehner hat Jahre später – im Januar 1980 – auf die Frage, ob es beim Scheitern des Misstrauensvotums mit rechten Dingen zugegangen sei, geantwortet: »Was sind rechte Dinge? Dass man Leute bezahlt, nicht? Wie das gemacht worden ist? Es gibt doch heute Leute, ich könnte sie aufzählen. Ich denke nicht daran, weil dann die besondere Seite unserer Demokratie zum Vorschein kommt; dann werde ich fortgesetzt vor Gericht geschleppt. Ich kann ja nicht mal das verwenden, was ich damals von Anverwandten solcher Leute bekommen habe. Einen ganzen Stapel von Sachen. Nein, nein, dies war schmutzig, und das musste man wissen. Ein Fraktionsvorsitzender muss wissen, was geschieht und was versucht wird, um einer Regierung den Boden unter den Füßen zu entziehen. Die Regierung selber muss das alles gar nicht wissen.«[10]

Diese Ausführungen sind freilich auch mit Vorsicht zu genießen, denn sie passen gut in Wehners geläufige Selbststilisierung, nach der er immer der wackere Knappe war, der für den Sonnenkönig Willy Brandt die Drecksarbeit machen musste: »Ich habe immer gewusst, das wird schwer. Und einer muss der Dumme sein, und das war ich. Ich kenne zwei Leute, die das wirklich bewerkstelligt haben. Der eine bin ich, der andere ist nicht mehr im Parlament.«[11] Und damit konnte folgerichtig nur Karl Wienand gemeint sein.

Für die sozialliberale Koalition und ihren Kanzler Willy Brandt war dieser 27. April 1972 ein segensreicher Tag. Am Tag vor und am Morgen der Abstimmung im Bundestag hatte es eine Welle von Sympathiekundgebungen gegeben, Demonstrationen, spontane Arbeitsniederlegungen, Protestveranstaltungen. Nach dem Sieg gegen Barzel ging eine Flut von Briefen und Telegrammen bei den Regierungsparteien ein, das Misstrauensvotum wurde allgemein als hinterlistige Nacht- und Nebelaktion der Opposition interpretiert, Willy Brandt war der strahlende Sieger.

Zunächst allerdings war die Opposition noch einmal in der Vorhand. Barzel setzte nach zur zweiten Attacke – am 28. April wurde der Haushalt des Kanzleramts bei Stimmengleichheit im Bundestag (247 zu 247) abgelehnt. Der Oppositionsführer hatte demonstriert, dass die Regierung keine Mehrheit hatte, langfristig also handlungsunfähig war. »Persönlich hätte ich es begrüßt, wenn dieser Lähmung des Parlaments schon im Frühjahr durch Neuwahlen begegnet worden wäre«, schreibt Brandt. »Staatspolitisch war es jedoch geboten, die Ostverträge nicht liegenzulassen und die Chancen des Viermächteabkommens nicht aufs Spiel zu setzen.«[12] Also suchte die Regierung nach Möglichkeiten, die Opposition für die Ratifizierung der Ostverträge zu gewinnen. Dazu wurde in einer interfraktionellen Kommission eine Resolution ausgearbeitet, die den Inhalt der Ostverträge interpretierte und relativierte, zum Beispiel durch solche Formulierungen:»Das unveräußerliche Recht auf Selbstbestimmung wird durch die Verträge nicht berührt. Die Politik der Bundesrepublik Deutschland, die eine friedliche Wiederherstellung der nationalen Einheit im europäischen Rahmen anstrebt, steht nicht im Widerspruch zu den Verträgen, die die Lösung der deutschen Frage nicht präjudizieren.«[13]

Für die Regierung war dieser Entschließungstext ein erhebliches Zugeständnis an die Opposition.»Die Formulierungen lagen hart an der Grenze dessen, was ich in der Abwehr von Illusionen verantworten konnte«, meinte Willy Brandt. Unions-Fraktionschef Barzel setzte sich unter diesen Bedingungen vehement für eine Zustimmung der Opposition zu den Ostverträgen ein, und es sah eine Zeitlang auch danach aus, als würde er Erfolg haben.

Letztlich verhinderten aber die Gegner der Ostpolitik in der Unionsfraktion eine Einigung, bei der Verabschiedung der Verträge im Bundestag am 17. Mai 1972 stimmten nur je 248 Abgeordnete für den Moskauer und den Warschauer Vertrag, die Unionsabgeordneten enthielten sich der Stimme – die Regierung hatte erhebliche Zugeständnisse gemacht, aber keine Oppositionsstimme erhalten. Am 3. Juni wurden die Urkunden ratifiziert, die vier Mächte unterzeichneten das Schlussprotokoll zum Berlin-Abkommen, und damit traten die Ostverträge in Kraft.

Nach Verabschiedung der Verträge einigen sich die Koalitionspartner nach einigem Zögern auf einen verfassungsrechtlich bedenklichen Weg zu Neuwahlen: Der Bundeskanzler sollte im Herbst die Vertrauensfrage stellen, die Koalition würde ihm das Vertrauen nicht aussprechen. Die Folge: Auflösung des Bundestages und Neuwahlen.[14] Diese Bundestagswahl am 19. November 1972 wurde zum größten Erfolg der SPD in der Nachkriegsgeschichte, zur eindrucksvollen Bestätigung der sozialliberalen Koalition, obwohl die Regierung Brandt/Scheel – abgesehen von den außenpolitischen Erfolgen – in erheblichen Schwierigkeiten steckte.

Auf der einen Seite waren viele Wähler enttäuscht, weil den großen Reformversprechungen innenpolitisch recht wenig folgte. So sehr die Regierungserklärung von 1969 auch die Dialogbereitschaft nach innen proklamiert hatte, tatsächlich war die sozialliberale und vor allem die SPD-Führung bemüht, allzu radikaldemokratischen Bestrebungen einen Riegel vorzuschieben. Schon im November 1970 verabschiedete das SPD-Präsidium einen Beschluss, wonach jede Zusammenarbeit zwischen Sozialdemokraten und Kommunisten parteischädigend sei, im Januar 1972 veranlasste Brandt den sogenannten »Radikalenerlass«, eine Übereinkunft mit den Ministerpräsidenten der Länder zur Abwehr von sogenannten »Verfassungsfeinden« vom öffentlichen Dienst, ein Beschluss, den Justizminister Maihofer (FDP) sogleich als »juristisches Nullum« bezeichnete. Denn er wiederholte nur, was Grundgesetz und Beamtenrecht längst festgeschrieben hatten: »Staatsdiener« darf nur sein, wer dem Staat und seiner Verfassung die Treue hält.

Allerdings hatten die terroristischen Aktivitäten der Baader-Meinhof-Gruppe ein Klima geschaffen, in dem der Staat auf alles, was von »links« kam, gereizt reagierte. Mit diesem »Radikalenerlass« und den »Berufsverboten« wurde eine Schnüffelpraxis ins Leben gerufen, die nur noch schwer zurückzudrehen war. Das Ansehen der Regierung litt erheblich: einmal bei den jungen Menschen, die Brandts Erneuerungsversprechen ernst genommen hatten, zum anderen aber auch im Ausland. Auf der anderen Seite wurden durch solche Aktionen Kritiker beschwichtigt, die der Regierung Brandt Destabilisierung im Inneren wie in der Außenpolitik vorwarfen. Mit der Ankündigung umfassender innerer Reformen hatte Brandt nicht nur Hoffnungen, sondern auch Ängste geweckt, und viele Bürger fürchteten tatsächlich, dass mit Willy Brandt der gesellschaftliche Umsturz käme, den die rebellischen Studenten angestrebt hatten.

Nach 1968/69 hatten sich die Altersstruktur und das soziale Profil der SPD stark geändert, viele junge Leute waren in die Partei eingetreten, die Jungsozialisten spielten in den innerparteilichen Diskussionen eine große Rolle. Debatten über Vergesellschaftung, Investitionskontrolle, Überwindung des Kapitalismus verunsicherten vor allem die traditionelle Wählerschaft der SPD sowie das bürgerliche Publikum in der Bundesrepublik insgesamt. Dazu kamen erhebliche wirtschaftliche Probleme.

Die Inflation galoppierte, die Diskussionen um den Bundeshaushalt 1972 wurden zu einer Zerreißprobe. Schon im März 1971 hatte Brandt alle Minister zu einer vernünftigen Ausgabenpolitik aufgefordert, Finanzminister Möller versuchte verzweifelt, sich gegen die Forderungen der Ressortchefs zu stemmen, unter denen Verteidigungsminister Schmidt als der hartnäckigste Gegner von Möllers Sparpolitik auftrat. Schließlich gab Möller auf. Am 13. Mai 1971 trat er zurück.

Wirtschaftsminister Schiller übernahm sein Ressort mit und wurde »Superminister«. Aber auch er musste sich auf zermürbende Auseinandersetzungen vor allem mit Helmut Schmidt einlassen, der keine Kürzung am Verteidigungsetat durchgehen lassen wollte. Nach währungspolitischen Auseinandersetzungen, in denen sich Bundesbankpräsident Klasen gegen Schiller durchgesetzt hatte, trat nun auch der »Superminister« am 7. Juli 1972 zurück. Sein Nachfolger in beiden Ressorts wurde Helmut Schmidt und Georg Leber Verteidigungsminister.

WILLY WÄHLEN

So bot die sozialliberale Koalition im Herbst 1972 ein merkwürdiges Bild: Sie hatte in atemberaubendem Tempo die historische Leistung einer neuen Ostpolitik erbracht, hatte aber gleichzeitig mit erheblichen innen- und finanzpolitischen Schwierigkeiten zu kämpfen, wobei das blutige Ende der palästinensischen Geiselaktion die Olympischen Spiele in München überschattete – keineswegs gute Startbedingungen für einen Wahlkampf. Trotzdem wurde dieser Wahlkampf ein einziger Siegeszug für die Regierung, genauer: für Willy Brandt. Die zentrale Wahlaussage hieß: »Willy Brandt muss Kanzler bleiben«, und die Republik erlebte einen »Willy«-Wahlkampf.

Überall entstanden »Willy wählen«-Initiativen, die Beliebtheit des Kanzlers stieg auf einen bis dahin und seither unerreichten Höhepunkt. Ein »Bekenntniswahlkampf« bisher ungekannten Ausmaßes brach aus, ein halbes Volk lief mit Aufklebern und Ansteckern für »Willy« herum, Hunderte von Prominenten aus dem Kulturbereich, aus Wissenschaft und Sport riefen zur Wahl der SPD auf. Schon 1969 hatte sich aus der Schriftstellerinitiative, die 1965 für Brandt gegründet worden war, eine breite Prominenteninitiative entwickelt. Vor allem Bühnen- und Fernsehschauspieler wie Siegfried Lowitz, Horst Tappert, Martin Benrath, Claus Biederstaedt, Gila von Weitershausen, Inge Meysel, Hans Söhnker, Michael Verhoeven und Show-Master wie Hans-Joachim Kulenkampff und Peter Frankenfeld bekundeten in Zeitungsanzeigen, dass sie Brandt wählen wollten.

Das wurde jetzt alles noch übertroffen. 1969 gab es rund 100 Wählerinitiativen für Willy Brandt, 1972 waren es fast 400. Die »Sozialdemokratische Wählerinitiative« betrieb seit 1969 ein Büro in Bonn mit hauptamtlichen Mitarbeitern, bezahlt von der Partei und der Friedrich-Ebert-Stiftung. Günter Grass war wiederum einer der fleißigsten Wahlwerber für Brandt, Siegfried Lenz war dabei, Luise Rinser, auch Heinrich Böll, der sich 1965 noch geweigert hatte, den Wahlaufruf des Schriftsteller-Kontors zu unterschreiben.

Im Sommer 1972 kommt ein Buch auf den Markt, in dem 35 Wissenschaftler, Künstler und Schriftsteller ihre »Gedanken über einen Politiker« niederlegen. Heinrich Böll schreibt darin: »Was für Willy Brandt spricht: Er ist der erste deutsche Kanzler, der aus der Herrenvolktradition herausführt; er ist kein Herr und Herrscher, der mit den Sporen klirrt und die Peitsche gelegentlich blicken lässt.«[15] Und weiter: »In Willy Brandts Lebenslauf liegt Stoff für eine Legende, fast für ein Märchen, das wahr wurde. Nicht der legitime Aggressionskatholik aus München wurde Bundeskanzler, sondern der illegitime Herbert Frahm aus Lübeck, der diesen von der bürgerlichen Gesellschaft mitgegebenen Urmakel, diese Idioten-Erbsünde auch noch verstärkte, indem er Sozialist und außerdem noch Emigrant wurde.«

Wofür Willy Brandt in den Wahlkämpfen 1961 bis 1969 noch beschimpft wurde, wird jetzt zum überwiegend positiven Argument: Brandt als Symbolfigur des »anderen Deutschland«. Oder in Brandts Formulierung: »Mein Lebensweg wich in der Tat von dem der meisten meiner Landsleute ab. Das war nicht deren Schuld, doch auch nicht meine Schande.«[16]

In dieser kurzen historischen Minute kommt alles zusammen: Auf der einen Seite die Popularität Willy Brandts, die auf einer »Volksnähe« beruht, die man nur von amerikanischen Politikern kennt. Lange bevor er die bundespolitische Bühne betrat, war Willy Brandt in Berlin und im Ausland, vor allem in den USA, ein ungemein beliebter Mann. Auf der anderen Seite das Staatsmännische, das Brandt sich mehr und mehr zugelegt hatte, die Inszenierung seiner Person, Pose und Pathos, die eine Würde zu symbolisieren scheinen, die nicht nur aus dem Amt erwächst. Und schließlich die moralische Instanz, die Brandt mehr und mehr ist.

Im 72er Wahlkampf führt Brandt systematisch den Begriff »compassion« als politischen Leitbegriff ein: »Für John F. Kennedy und seinen Bruder Robert gab es ein Schlüsselwort, in dem sich ihre politische Leidenschaft sammelte …, es heißt compassion. Die Übersetzung ist nicht einfach Mitleid, sondern die richtige Übersetzung ist die Bereitschaft, mitzuleiden, die Fähigkeit, barmherzig zu sein, ein Herz für den anderen zu haben. Habt doch den Mut zu dieser Art Mitleid! Habt Mut zur Barmherzigkeit! Habt Mut zum Nächsten! Besinnt euch auf diese so oft verschütteten Werte! Findet zu euch selbst!«[17]

Das war eine Argumentation, die viele Ohren – auch Herzen – öffnete. Und Brandt erreichte damit nicht nur Jugendliche, Frauen, Intellektuelle. Der Erfolg der »Willy«-Wahl 1972 ist vor allem einer enormen Mobilisierung der Arbeiterschaft geschuldet. Fast zwei Drittel der Arbeiter stimmen für Brandt, allein über 50 Prozent der katholischen Arbeiterschaft. Gleichzeitig erreichte die Kampagne gegen Brandt vorher nicht gekannte Ausmaße. Viele Unternehmer griffen in den Wahlkampf ein, warnten vor der Abschaffung der Marktwirtschaft und einem sozialistischen Staat östlicher Prägung.

Eine Anzeigenserie der »Vereinigung zur Förderung der politischen Willensbildung« war nichts weiter als eine schlecht getarnte Anti-Brandt-Kampagne der Industrie. In einer Anzeige hieß es: »Willy Brandt beweist uns seit Jahren, dass er keine starke Führungspersönlichkeit, sondern nur ein marxistischer Papiertiger ist! Wir lieben den Frieden, und darum wünschen wir die Aussöhnung mit dem Osten. Wir müssen aber verhindern, dass wir eines Tages ein Satellit von Moskau werden.«

Im Wahlkampf 1972 wurde eine Entwicklung deutlich auf die Spitze getrieben, die immer schon mit der Person Willy Brandts verbunden war: Er hat polarisiert wie kaum ein anderer Politiker, er wurde geliebt und gehasst, dazwischen gab es wenig. Seine Anhänger waren oft gläubige Verehrer und seine Gegner häufig erbitterte Feinde. Am 19. November 1972 gingen über 91 Prozent der Wahlberechtigten zur Wahlurne, ein Rekord in der Geschichte der Bundesrepublik. Die SPD wurde mit 45,8 Prozent der Stimmen erstmals stärkste Partei, die FDP steigerte ihren Stimmenanteil auf 8,4 Prozent, die Union brachte es nur auf 44,9 Prozent. Das bedeutete für die sozialliberale Koalition eine satte Mehrheit von 271 zu 225 Abgeordneten im Bundestag – ein triumphales Ergebnis.

Aber trotz dieser bequemen Mehrheit ging es keineswegs bergauf mit der Regierung, es schien nun eher die Luft raus zu sein. Brandt schreibt: »Doch nach diesem großen Erfolg vom 19. November 1972 stellte sich heraus, dass es nicht leicht war, Tritt zu fassen; es war schwieriger, als ich es erwartet hatte.«[18] Allenthalben macht sich Erschöpfung breit, Brandt selbst muss ins Krankenhaus, »um meine Stimmbänder in Ordnung bringen zu lassen.« Die Verhandlungen zur Regierungsbildung finden weitgehend ohne den Bundeskanzler statt, er agiert vom Krankenbett aus.

Die SPD reagiert geradezu euphorisch auf den großen Wahlsieg, aber Brandt warnt die eigenen Leute, »das Konto nicht zu überziehen«. Im Rückblick notiert er: »Im Umkreis meiner Partei und der Regierung, zumal unter Freunden in der intellektuellen Welt, von denen sich viele in den Wählerinitiativen gesammelt hatten, notierte man Anzeichen von Enttäuschung. Ich konnte mich des Verdachts nicht erwehren, dass man dort von uns mehr als ein humanes, progressives und ausgewogenes Regierungsprogramm erwartete; womöglich Wunder oder wenigstens eine Läuterung unserer Gesellschaft, die sich gleichsam über Nacht vollziehen sollte. Sonst recht kritische Zeitgenossen, die der ›heilen Welt‹ bisher mit Recht so misstraut hatten, schienen nun von uns die Heilung der Welt zu erwarten. Sie mussten – notwendigerweise – enttäuscht werden.«[19]

DER HERR BADET GERN LAU

Die Probleme der sozialliberalen Koalition – Kabinettsstreitigkeiten, Rücktritt Möllers, Rücktritt Schillers, der immense Machtzuwachs Helmut Schmidts – waren durch den überwältigenden Wahlsieg 1972 nur kurzfristig überdeckt worden. Dazu kam jetzt die wachsende Unzufriedenheit über die Stagnation der Reformpolitik wie der Ostpolitik, die immer schwieriger werdende Haushalts- und Finanzpolitik (die Verabschiedung des Bundeshaushalts wird mehrmals hinausgeschoben), die Ölkrise, der Fluglotsenstreik und andere Streiks – das Ansehen der Regierung geriet binnen kürzester Zeit auf den Nullpunkt, sodass Brandt spätestens Anfang 1973 Rücktrittsabsichten nachgesagt wurden. Sein dramatischer Autoritätsverlust erinnert jetzt an den Ludwig Erhards in der zweiten Jahreshälfte 1966.

Im Sommer 1973 sagte »Die Zeit« einen »Herbst des Unbehagens« in der Bundesrepublik voraus: »Das Unbehagen entzündet sich einmal mehr an den Führungsfiguren der Bundesrepublik. In letzter Zeit erwecken sie nicht den Eindruck, sie hätten das Geschehen kraftvoll in der Hand. Eher hat es den Anschein, dass sie sich dem unpolitischen Mittelmaß der Ministerialbürokratie ausgeliefert haben. Das gilt gerade auch für den Bundeskanzler. In seiner eigenen Partei mutmaßen nicht wenige, er habe sich über den Wolken auf einem Postament angesiedelt, fernab vom Getriebe der garstigen Welt der Innenpolitik.«[20]

Zum 60. Geburtstag bekommt Brandt von der Presse Breitseiten vernichtender Kritik. »Kanzler in der Krise« titelt der »Spiegel«. Rudolf Augstein steuert eine Analyse unter der Überschrift »Der führungsschwache Kanzler« bei, »Das Monument bröckelt« heißt die Titelgeschichte. »Im fünften Kanzlerjahr«, ist da zu lesen, »ist Willy Brandt an die Grenzen seiner Führungskraft geraten. Die Ostpolitik stagniert. Das Programm der inneren Reformen kommt kaum voran. In der Partei hat die integrierende Kraft des Vorsitzenden nachgelassen. In der Regierung lässt der Kanzler nach dem Geschmack vieler Genossen der FDP zuviel Freiheit, und der Gedanke an seinen Sturz ist nicht mehr tabu.«[21]

Das Wort von »Willy Wolke« machte immer mehr die Runde. Herbert Wehner war es schließlich, der das verbreitete Unbehagen über Willy Brandt zum öffentlichen Aufstand gegen den Parteivorsitzenden und Regierungschef nutzte. Vor allem in der Ostpolitik, die Wehner von jeher besonders am Herzen lag, lief es nicht so, wie der Fraktionsvorsitzende sich das vorstellte. Anstatt die Ernte einzubringen, so sah es Wehner, ruhte der Kanzler sich auf seinen Lorbeeren aus.

Da war zum einen Klaus Schütz, Regierender Bürgermeister von Berlin, der – unterstützt von Bundestagspräsidentin Annemarie Renger (SPD) – volles Stimmrecht für die Berliner Bundestagsabgeordneten forderte und damit das Viermächteabkommen über Berlin einem unnötigen Härtetest aussetzte. Da war Innenminister Genscher, der die Beziehungen zu Ost-Berlin und Moskau strapazierte, indem er das Umweltbundesamt in West-Berlin ansiedelte. Da waren die Verhandlungen mit der CSSR, die Brandt nach Meinung Wehners nicht energisch genug betrieb, sodass der Prager Vertrag erst im Dezember 1973 unterzeichnet werden konnte.

Besonders empört reagierte Wehner auf die Tatsache, dass nach Unterzeichnung des Grundlagenvertrags die alte Praxis des Häftlingsfreikaufs aus der DDR und die Familienzusammenführung gestoppt wurden, weil die Normalisierung der Beziehungen zu einer Quotenregelung führen sollte. Faktisch lief aber gar nichts. Am 31. Mai 1973 führte Wehner daher, auf Vermittlung des DDR-Anwalts Wolfgang Vogel, ein Gespräch mit SED-Chef Honecker in dessen Wochenendhaus in der Schorfheide bei Berlin, an dem später auch FDP-Fraktionschef Wolfgang Mischnick teilnahm. Honecker sagte zu, dass die alte Regelung trotz des Grundlagenvertrags weiter praktiziert werden sollte.

Seinen ganzen Zorn darüber, dass Brandt die Ostpolitik vernachlässige, ließ Wehner dann Ende September/Anfang Oktober 1973 in Moskau heraus. Wehner nutzte die Reise einer Bundestagsdelegation gezielt zur Kritik an der Bonner Regierung: Besonders in der Berlin-Politik versuchten einige, das Viermächteabkommen »zu unterlaufen und zu schädigen«, und da mache er nicht mit. Ganz gegen seine Gewohnheit gab Wehner bereitwillig Interviews, scharte auch bei mehreren Gelegenheiten Journalisten zu Hintergrundgesprächen um sich, um ganz gezielt eine Botschaft unter die Leute zu bringen, die in dem Satz gipfelte: »Der Herr badet gern lau – so in einem Schaumbad.« Gemeint war Willy Brandt, die »Nummer eins«, die Wehner als »entrückt« und »abgeschlafft« charakterisierte.

Willy Brandt erfuhr während einer USA-Reise von Wehners Angriffen. Er hatte eine Rede vor den Vereinten Nationen in New York gehalten, dann in Chicago, schließlich nahm er in Colorado Springs eine Auszeichnung des Aspen-Instituts in Empfang. Dort erreichte ihn die Nachricht von Wehners Moskauer Attacken. Brandt brach seine Reise ab und flog tags darauf nach Bonn zurück. »Der Kerl muss weg«, war die erste Reaktion des Kanzlers, aber dann scheute er doch vor einer scharfen Maßnahme gegen Wehner zurück. Es gab lediglich ein Gespräch in Brandts Villa auf dem Venusberg.

»Ich habe eine Zurechtweisung bekommen«, sagte Wehner später. »Es gab kein gutes Wort.« Brandt berichtet, Wehner habe sich sofort reumütig gezeigt: »Sage mir, was ich tun soll.« Und zum Schluss des Gesprächs habe Wehner Brandt gebeten, »es noch einmal mit ihm zu versuchen.«[22] Das Verhältnis der beiden kam nie wieder in Ordnung, und die These von Brandts Entscheidungsschwäche hatte einmal mehr Nahrung bekommen.

Die Situation der Regierung wurde immer unbehaglicher. Vizekanzler Scheel philosophierte öffentlich darüber, dass jedes Bündnis nur einen begrenzten Vorrat an Gemeinsamkeiten habe, und entschied sich im Herbst 1973 für die Kandidatur zur Nachfolge von Bundespräsident Heinemann. Willy Brandt nannte Scheel halb öffentlich eine »miese Koofmich-Seele«.[23] In Umfragen waren nur noch 38 Prozent der Bevölkerung mit Brandts Politik zufrieden – 1972 hatte die Zustimmung noch 57 Prozent betragen. Günter Grass, der schon vier Monate nach der Bundestagswahl gesagt hatte: »Fett und allzu selbstsicher fläzt sich die SPD im Schatten einer Mehrheit«, holte nun zum großen Schlag aus: Am 26. November 1973 verlas er im Fernsehmagazin »Panorama« einen Text, der drei Tage später auch im SPD-Blatt »Vorwärts« veröffentlicht wurde. »SPD und FDP sind einem schlafmützigen Trott verfallen«, heißt es da. »Offenbar hat der sichere Wahlsieg vom Herbst des vergangenen Jahres Sozialdemokraten und Liberale zu allseits lähmender Selbstgefälligkeit verführt. – Verdrossen hat sich Willy Brandt, wieder einmal, in die Außenpolitik geflüchtet. Er hält bemerkenswerte Reden – sei es vor der UNO, sei es vor dem Europa-Parlament –, doch innenpolitisch schweigt er sich aus und unternimmt kaum noch einen merklichen Versuch, die Sprach- und Begriffsverwirrung um die Reformbereiche Mitbestimmung, Bildungsreform, Umweltschutz, Grund und Boden klärend zu beenden. – Oft sieht es so aus, als hätten Erfolge und allzu viele Ehrungen Willy Brandt einsam gemacht und in einen Bereich entrückt, den Karikaturisten gerne über den Wolken ansiedeln. Es stimmt: Er lässt sich Abschirmung durch übereifrige Berater gefallen. Begabt mit starker Ausstrahlungskraft, strahlt er zur Zeit nicht gerade Tatkraft, eher Lustlosigkeit aus.«

Eine schwere Niederlage für Brandt bringt die Tarifrunde im öffentlichen Dienst, in der die ÖTV 15 Prozent mehr Lohn und Gehalt fordert, als gebe es die immensen wirtschaftlichen Probleme nicht, die die Ölkrise Ende 1973 hervorgerufen hatte. Brandt kann sich nicht durchsetzen, es gibt bundesweite Streiks in allen Bereichen, der Kanzler verliert das Duell mit ÖTV-Chef Kluncker. Dazu kommen Wahlverluste: Im März 1974 büßt die SPD in Hamburg 10 Prozent ein, bei den Kommunalwahlen in Rheinland-Pfalz (minus 5,7) und Schleswig-Holstein (minus 7,9) sieht es nicht viel besser aus. Bei der Landtagswahl in Hessen beträgt der Verlust zwar nur 2,7 Prozentpunkte, aber die CDU verbucht mit plus 7,6 Prozent einen Erdrutschsieg und wird erstmals stärkste Partei in einem Land, das bis dahin fest in SPD-Hand gewesen war.

ÜBERALL VERFALL

In dieser Phase betreibt Finanzminister Helmut Schmidt immer unverhohlener die Demontage des Bundeskanzlers. Er wirft Brandt öffentlich zu lasches Vorgehen gegen aufmüpfige Jungsozialisten und allerlei neue Mitglieder vor, die vor allem aus dem akademischen Bereich kommen und so auftreten, als seien sie »die SPD«. Das Bild der SPD, so Schmidt, »wird bestimmt von einigen Personen an der Spitze und von vielen Personen und Mehrheiten auf Delegiertentagen, durch all die vielen Interviews in der Breite der Partei. Und einer der wesentlichen Eindrücke, den die Menschen in unserem Lande von Regensburg bis Flensburg haben, ist der, dass die SPD einen großen Teil, einen zu großen Teil ihrer Energie und Aktivität auf die innere Auseinandersetzung verwendet. Und dies wirkt eben nicht ungeheuer attraktiv, kann ich nur sagen. Außerdem verstehen die das Kauderwelsch der halbfertigen Akademiker nicht, die unsere Resolutionen mit ihren Wortlauten überschwemmen.«[24]

Das Debakel bei der Hamburger Bürgerschaftswahl Anfang März nahm Schmidt zum Anlass, bei allen möglichen Gelegenheiten gegen Brandt zu stänkern. Bei einem Fernsehauftritt am 6. März 1974 kritisiert Schmidt den Kanzler offen und meldet kaum versteckt eigene Ansprüche an. Und er rät Brandt via Fernsehen, »drei Minister auszuwechseln, wegen meiner fünf oder wegen meiner sieben oder zwei«, wobei bloßes Auswechseln nicht genüge: »Eine Regierungsumbildung allein könnte möglicherweise bloß ein Trick sein. Es muss schon ein bisschen tiefer gehen, als ein paar Personen auszuwechseln.«

Brandt scheint zu resignieren, bei der Sitzung des Parteivorstands am 8. März 1974 wehrt er sich nur noch matt gegen Helmut Schmidts Angriffe. Der holt so richtig aus. Wehners Moskauer Kritik an Brandt sei zwar in der Form ungehörig gewesen, inhaltlich aber richtig. Die Partei sei ein »verrotteter Sauhaufen«, überall sieht er einen »Zersetzungsprozess« gesteuert »von halbfertigen Akademikern«.[25] Wohin er auch schaut – »überall Verfall«. Und schuld an allem ist der Parteivorsitzende, der alles laufen lässt und nicht führt.

Nun wird Brandt also von beiden »Partnern« des SPD-»Triumvirats« attackiert. Eine ungemütliche Situation. Aber schon einen Tag später lädt Brandt ausgerechnet Herbert Wehner, seinen zweiten Widersacher, zu sich ein. Am 12. März treffen sich die beiden im Kanzler-Bungalow, anschließend sitzen sie in der Fraktion – zum ersten Mal nach langer Zeit – wieder unmittelbar nebeneinander. Offenbar war Wehner doch erschrocken über das Ungestüm, mit dem Helmut Schmidt an Brandts Platz drängte. Dass der Kanzler aus den eigenen Reihen gestürzt würde, das war für Wehner eine schlimme Vorstellung. Offensichtlich wurde ihm und anderen klar, dass Willy Brandt in der Selbstwahrnehmung der Partei die Mitte repräsentierte.

»Wir dürfen die Mitte des Spektrums unserer Mitbürgerschaft nicht räumen«, erklärt Wehner auf dem Bremer SPD-Landesparteitag am 17. März 1974. »Wer so viel durchsetzen muss, historisch, der darf sich nicht auf einen Flügel beschränken lassen, der muss die Mitte decken. Wer sich von ihr abdrängen lässt, wird erfahren, wie schnell das Vakuum aufgefüllt ist.« Die Mitte – das war Willy Brandts Thema. Beim Dortmunder Wahlparteitag im Oktober 1972 hatte er die »Neue Mitte« proklamiert, die Verlagerung der politischen Mehrheit von einer politisch »rechten« zu einer politisch »linken«, also sozialen und liberalen Mitte. »Dort, wo die Einsicht in die Notwendigkeit von Bewahrung und Veränderung – genau: vom Bewahren durch Veränderung – verstanden worden ist, dort ist die neue politische Mitte.« Das versteht Brandt als Absage an den politischen Extremismus, aber nicht an radikale Demokraten: »Eine Partei wie die SPD muss sich selber immer wieder herausfordern und prüfen lassen. Auch radikaler argumentierende Gruppierungen, sofern sie freiheitlich-demokratisch sind, müssen die Möglichkeit haben, ihre Vorschläge zur Diskussion zu stellen – um sich entweder, wenn auch partiell, damit durchzusetzen oder zu erfahren, warum sie sich damit nicht durchsetzen können.«

Diese Mitte wird jetzt wiederentdeckt. In den letzten Märztagen 1974 verfasst Brandt eine Zehn-Punkte-Erklärung, die am 1. April vom Vorstand gebilligt wird. »Ohne die Mitte gibt es in der Demokratie keine Mehrheit. Wer die Mitte preisgibt, opfert seine Regierungsfähigkeit. Sozialdemokratische Entschlossenheit bedeutet, die Mitte zu behaupten« heißt es in diesen »April-Thesen«. Und weiter: »Die Gruppe der Unzufriedenen unter den Sympathisanten oder ehemaligen Sympathisanten der SPD lässt sich in zwei Lager aufteilen: in solche, denen es zu langsam geht, und in solche, denen die SPD zu radikal ist. Die SPD kann es beiden Strömungen auf keinen Fall zu gleicher Zeit recht machen, zumindest nicht in der Phase, in der sie unverdrossen daran arbeitet, ihr Regierungsprogramm durchzusetzen.«

Nach dieser April-Erklärung scheint ein Ruck durch die SPD-Führung zu gehen, auch in der Koalition gibt es neue Zuversicht. Willy Brandt stürzt sich mit Elan in den Niedersachsen-Wahlkampf, Herbert Wehner ist glücklich, Helmut Schmidt passt sich den neuen Gegebenheiten an und ist ganz auf der Linie Willy Brandts. Der Kanzler hat für frischen Wind gesorgt, er ist guten Mutes – ein Teil der öffentlichen Meinung ebenfalls –, alles wieder im Griff zu haben. In dieser Situation wird sein persönlicher Referent Günter Guillaume verhaftet.

GUILLAUME UND DER RÜCKTRITT

Willy Brandt notiert am 24. April 1974: »Mittags Rückkehr aus Kairo. Ich werde noch am Flughafen durch Staatssekretär Grabert unterrichtet, dass Guillaume morgens verhaftet worden ist und sich als ›Offizier der NVA‹ zu erkennen gegeben hat.«[26] Dass ein Verdacht gegen Guillaume bestand, wusste Brandt schon seit Mai 1973. Damals hatte Innenminister Genscher den Kanzler über Erkenntnisse des Verfassungsschutzes informiert, wonach Guillaume DDR-Agent sei. Aber, so gab Genscher den Wunsch von Verfassungsschutz-Präsident Nollau weiter, Guillaume solle im Amt bleiben und beobachtet werden. So kam es, dass Guillaume Brandt auch noch in den Sommerurlaub 1973 nach Norwegen begleitete.

Genscher wusste davon. Brandt berichtete nur seinem Büroleiter und Kanzleramts-Staatssekretär Grabert von den Erkenntnissen, Nollau zog außerdem Herbert Wehner ins Vertrauen, der auf diese Weise auch schon seit Juni 1973 von dem Verdacht gegen Guillaume wusste. Brandt notiert am 24. April weiter: »Lange Zeit hatte es dann für mich so ausgesehen, als hätte es sich um einen nichtbegründeten Hinweis gehandelt. Vor knapp zwei Monaten war mir gesagt worden, es bestehe Veranlassung, die Bundesanwaltschaft zu bemühen. Ich ging selbstverständlich davon aus, dass die Sicherheitsbehörden tun würden, was ihres Amtes ist.«

Auch nach der Verhaftung Guillaumes macht Brandt sich zunächst keine besonderen Gedanken. Am 26. April sagt er in einer Aktuellen Stunde des Bundestages zum Fall Guillaume: »Es gibt Zeitabschnitte, da möchte man meinen, dass einem nichts erspart bleibt.« Brandt erklärt auch, Guillaume sei nicht mit Geheimakten befasst gewesen, ein schwerer Fehler, wie sich später herausstellt. »Dabei habe ich an seine normale Arbeit im

Kanzlerbüro gedacht – der Sonderfall, dass während des Sommerurlaubs 1973 in Norwegen tatsächlich geheimzuhaltende Fernschreiben durch seine Hände gingen, war mir, als ich mich im Bundestag äußerte, nicht bewusst.«

Am 29. April allerdings wird im Kanzleramt zum ersten Mal die Möglichkeit eines Rücktritts erwogen. „Mir beginnt klarzuwerden, dass ich weit über das tatsächlich von mir zu Vertretende hinaus Verantwortung übernehmen muss.«[27] Brandt rechnet mit der »heftigsten Kampagne seit unserem Regierungsantritt«, vor allem durch die Springer-Presse. »Der Schaden ist ohnedies groß genug, aber hier wird eine Stimmung der öffentlichen Hysterie erzeugt. ›Bild‹ überschlägt sich.«

Die entscheidende Wende kommt allerdings, als die Beamten des Bundeskriminalamtes sich bei den Vernehmungen der Leibwächter Brandts immer mehr für die »Weibergeschichten« des Kanzlers interessieren, von denen auch Guillaume gewusst haben soll, und weniger für die Aktivitäten des DDR-Agenten. »Die waren nicht in der Lage, einen Spion zu entlarven, aber sie waren in der Lage, mein Privatleben auszuspähen und auszuschmücken«, schimpft Brandt später im SPD-Vorstand. Nollau wird am 3. Mai von BKA-Chef Herold über den Fortgang der Dinge unterrichtet, er fürchtet, die Bundesregierung sei »blamiert bis auf die Knochen«, wenn Guillaume vor Gericht amouröse Details ausbreite.

Nollau informiert Herbert Wehner. »Wehner ist erschüttert«, schreibt Nollau. »Er sinkt förmlich in sich zusammen und stößt hervor: ›Das bricht uns das Rückgrat.‹« Wehner informiert Holger Börner, der ruft Brandt an, der allerdings schon von Klaus Kinkel, damals Referent Genschers, informiert worden war. Tags darauf treffen sich führende Sozialdemokraten mit Gewerkschaftern zu einem Meinungsaustausch im Haus der Friedrich-Ebert-Stiftung in Münstereifel. Am Abend des 4. Mai spricht Brandt zuerst mit Wehner, der ihn mit Nollaus Detailschilderungen konfrontiert. Brandt versucht, die Vorwürfe als lächerlich darzustellen, aber Wehner ist wie Nollau der Meinung, allein die öffentliche Erörterung der ganzen Affäre sei schon tödlich.

Und dann kommt ein typischer Wehner-Satz:»Ich stehe zu dir, das weißt du, aber es wird hart werden.« Brandt müsse sich binnen 24 Stunden entscheiden. Anschließend spricht Brandt noch mit Holger Börner und Karl Ravens.»Zu nächtlicher Stunde sage ich, dass mein Entschluss zum Rücktritt nahezu feststehe. Die beiden Freunde versuchen mich umzustimmen und meinen, die Frage der Verantwortung müsse differenzierter beantwortet werden. Sie vermuten wohl, es seien die seit Anfang des Vorjahres sich häufenden Widrigkeiten, die mich mürbe gemacht hätten. Ich will das nicht völlig ausschließen.«[28]

Am Nachmittag des folgenden Tages sitzen Willy Brandt, Helmut Schmidt, Herbert Wehner, SPD-Bundesgeschäftsführer Holger Bömer und Schatzmeister Alfred Nau in Münstereifel zusammen. Brandt erzählt:»Ich gebe meinen Entschluss bekannt, begründe ihn und nominiere Helmut Schmidt als meinen Nachfolger. Der rät mir besonders eindringlich ab.« Schmidt selbst berichtet, er habe Brandt angeschrien, weil dieser wegen läppischer Frauengeschichten alles hinschmeißen wolle. Er wolle ja gern Bundeskanzler werden, aber nicht aus solch nichtigem Anlass.[29]

Zurück in Bonn, erklärt Brandt in einem Brief an Bundespräsident Heinemann seinen Rücktritt. Er zeigt den Brief am selben Abend Walter Scheel, der ihn zu Hause besucht. Scheel versucht nachdrücklich, Brandt von seinem Vorhaben abzubringen. Am 6. Mai wird Heinemann das Rücktrittsschreiben überbracht, tags darauf kommt Brandt in die Bundestagsfraktion, die Abgeordneten stehen auf und applaudieren, Herbert Wehner unterbricht seine Rede, begrüßt Brandt und sagt:»Wir fühlen Schmerz über das Ereignis, Respekt vor der Entscheidung und Liebe zur Persönlichkeit und zur Politik Willy Brandts.«[30] Egon Bahr verbirgt das Gesicht in den Händen und weint.

In der »Tagesschau« erklärt Willy Brandt:»Am Abend des 6. Mai habe ich dem Bundespräsidenten meinen Rücktritt erklärt und damit die Verantwortung für Fahrlässigkeiten im Zusammenhang mit der Agentenaffäre übernommen. Diese Entscheidung konnte mir niemand abnehmen. Es gab Anhaltspunkte, dass mein Privatleben in Spekulationen über den Spionagefall gezerrt werden sollte. Was immer noch darüber geschrieben werden mag: Es ist und bleibt grotesk, einen deutschen Bundeskanzler für erpressbar zu halten. Ich bin es jedenfalls nicht.«

Er war ohne Zweifel erpressbar, er hatte sich schon erpressen lassen von Herbert Wehner, der kaum verhohlen damit gedroht hatte, dass Brandt eine weitere Schmutzkampagne nicht durchstehen würde. Dazu war Brandt zu angeschlagen, war körperlich und seelisch nicht in der Verfassung, Kämpfe auszutragen. Er musste sich darauf einrichten,»dass ich gejagt worden wäre, meines Lebens nicht mehr froh geworden wäre.« »War man selbst, um zusätzliche Belastungen durchzustehen, noch gut genug in Form?«, fragt er in einem Spiegel-Gespräch 1984 und gibt die Antwort:»Das wird von einigen meiner besten Freunde bezweifelt, von mir auch.«[31]

»Wer verfolgte welche Interessen?«, fragt Brandt 45 Jahre später.[32] Dass Nollau versagt hatte, war klar. Aber welche Rolle spielte Innenminister Genscher? »Genscher, der die Dienstaufsicht über den Verfassungsschutz gehabt hatte, setzte alles daran, unbeschädigt zu bleiben«, schreibt Brandt. Er hatte Genscher schon 1974 vorgeworfen, dass dieser den Agenten nicht aus Brandts Nähe entfernt habe, als erste Verdachtsmomente aufkamen. Und einigen »Parteifreunden« warf er indirekt vor, die Affäre instrumentalisiert zu haben. »Wehner und andere suggerierten in mehr oder weniger vertraulichen Unterrichtungen, mein Rücktritt sei auch ohne den Fall G. nur eine Frage der Zeit gewesen.«[33]

Man kann es auch sehen wie Klaus Harpprecht, einer von Brandts Beratern: »Brandt dürfte in jenen Tagen registriert haben, dass einem Politiker unserer Tage nicht mehr gelingen kann, als ein oder zwei große Ideen in die Realität zu zwingen: Damit ist der Bonus verbraucht.«[34]

Am 16. Mai 1974, zehn Tage nach Brandts Rücktritt, wählte der Bundestag mit 267 von 492 Stimmen Helmut Schmidt zum fünften Kanzler der Bundesrepublik.

1913	Geboren am 18. Dezember als Ernst Karl Frahm in Lübeck
1930	Eintritt in die SPD, Wechsel zur Sozialistischen Arbeiterpartei Deutschlands (SAP)
1933	Die SAP geht in den Untergrund, Frahm nimmt den Tarnnamen Willy Brandt an, Emigration nach Norwegen
1938	Ausbürgerung durch Nazideutschland
1940	Norwegische Staatsbürgerschaft. Nach dem Überfall der Wehrmacht Flucht nach Schweden
1945-1947	Bei Kriegsende zurück nach Oslo
1948	Zurück in Deutschland, Leiter des SPD-Verbindungsbüros in Berlin
1949-1957	Berliner Abgeordneter im Deutschen Bundestag
1955-1957	Präsident des Berliner Abgeordnetenhauses
1957-1966	Regierender Bürgermeister von Berlin, 1961 und 1965 erfolgloser Kanzlerkandidat der SPD
1964	Vorsitzender der SPD (bis 1987, danach Ehrenvorsitzender)
1966-1969	Außenminister und Vizekanzler der Großen Koalition
1969-1974	Bundeskanzler, Rücktritt im Mai 1974
1971	Friedensnobelpreis
1976	Präsident der Sozialistischen Internationale
1992	Gestorben am 8. Oktober in Unkel am Rhein

DER MACHER – HELMUT SCHMIDT

Also wieder ein Bundeskanzler, der nicht aus Wahlen hervorgeht, sondern von den eigenen Leuten »eingesetzt« wird – wie Erhard, wie Kiesinger. Der übliche krumme Anfang, der sich zur bundesdeutschen Spezialität zu entwickeln scheint.

Helmut Schmidt hatte mehrfach bekundet, Angst vor dem neuen Amt zu haben. Das mag verwundern bei einem Mann, der von Selbstzweifeln üblicherweise nicht geplagt war, der schon vorher einer der mächtigsten Männer in der SPD und in der Regierung war. Er war SPD-Fraktionsvorsitzender in der großen Koalition, seit 1968 stellvertretender Parteivorsitzender, unter Kanzler Brandt zunächst Verteidigungs- und dann kurzfristig – nach dem Rücktritt Karl Schillers – Doppelminister (Wirtschaft und Finanzen) und nach der Wahl 1972 Finanzminister. Allen Beteiligten war klar: Wenn Brandt zurücktritt, muss Schmidt übernehmen.

»Aber dies war nun ein Amt, das nach meinem Gefühl ein bisschen größer zugeschnitten war als die Ämter, die ich davor ausgeführt hatte.«[1] Schmidt hatte »Angst vor dem Amt, genauer gesagt, Angst vor der Verantwortung.« Und noch mal anders gesagt: »Ich habe richtig Schiss gehabt.«[2]

Dazu gab es ausreichend Grund. Schmidt war von Beginn seiner Kanzlerschaft mit Ölkrisen und einer weltweiten Wirtschaftsrezession konfrontiert. Schon 1973, da war Brandt noch

Kanzler, war der Ölpreis explodiert. Die arabischen Ölstaaten drosselten die Förderung und erhöhten am 16. Oktober den Ölpreis um 70 Prozent. Ein Ergebnis: Die Bundesregierung verhängt für den 25. November und drei weitere Sonntage ein Fahrverbot. Deutschland gehört den Fußgängern und Radfahrern.

Die Folgen für die Wirtschaft sind dramatisch. Einbrüche bei der Autoindustrie, in der Eisen- und Stahlproduktion, der Chemieindustrie, die Arbeitslosigkeit wird erstmals zu einem ernsthaften Problem: Über eine Million Arbeitslose 1975, zwei Jahre vorher waren es noch 273.000 gewesen. Das Bruttosozialprodukt, Anfang der 70er Jahre noch mit Steigerungsraten von bis zu acht Prozent, sinkt auf unter zwei Prozent. »Schmidt war, wenn man von der kurzen Rezession zur Zeit Ludwig Erhards einmal absieht, der erste Regierungschef, dessen Kanzlerschaft nicht durch das bundesdeutsche Wirtschaftswunder unterstützt wurde.«[3]

Aber nicht nur die wirtschaftlichen Verhältnisse, auch das politische Klima ändert sich. Nicht unbedingt wegen des Kanzlerwechsels, aber doch in zeitlichem Zusammenhang. Die Akzeptanz für politische Reformprojekte lässt nach. Nach einer Infas-Umfrage waren 1968 noch 42 Prozent der Befragten für grundlegende Reformen, 1974 nur noch 23 Prozent. Was nicht nur mit der Wirtschaftskrise zu tun hatte. »Entscheidend war offenbar, dass nach den Gesetzen der politischen Psychologie auf die Reformeuphorie der Jahre 1969 bis 1972 die Ernüchterung folgen musste.«[4]

»Realpolitik« wurde zum politischen Zauberwort, Helmut Schmidt war ihr Matador, er galt als »Macher«. Im Prinzip keine negative Zuweisung. Schmidt selbst hat diesem Bild gerne Vorschub geleistet, hat sich als der schneidige, zupackende Entscheider inszeniert und gerne von dem Ruf profitiert, den ihm seine Rolle als Hamburger Innensenator bei der Bewältigung der Sturmflut 1962 eingebracht hatte. Die Rolle des Krisenmanagers passte ihm gut. Und es ist unbestritten, dass Deutschland unter der Regierung Schmidt besser durch die Wirtschaftskrise gekommen ist als andere Länder.

Im Rückblick freilich, rund zwanzig Jahre nach Beginn seiner Kanzlerschaft, empfindet er »Macher« nicht mehr als Ehrentitel. Die Linken in der SPD hätten »versucht, mich als sogenannten ›Macher‹ lächerlich zu machen, und haben es gierig aufgenommen, als die französische kommunistische Zeitung ›Humanité‹ mich als Feldwebel apostrophiert hatte.«[5]

Was Schmidt nicht gerne einräumt, ist die Tatsache, dass seine Politik nicht nur bei SPD-Linken, sondern auch gesamtgesellschaftlich zu mächtigen Gegenbewegungen führt. Die »neuen sozialen Bewegungen« entstehen. Als Reaktion auf die Ölkrisen plant die Bundesregierung seit den 1970er Jahren den Bau von 40 Atomkraftwerken – unter Einsatz von Milliarden staatlicher Subventionen. Eine Entwicklung, die die Anti-Atomkraft-Bewegung stark macht.

Dazu kam Schmidts Rüstungspolitik, vor allem sein Drängen auf die Aufstellung von Mittelstreckenraketen in Westeuropa als Reaktion auf die neuen SS-20-Mittelstreckenraketen in der Sowjetunion. Der Nato-Doppelbeschluss – Aufstellung von Raketen und Verhandlungsangebot an die Sowjetunion – gab der Friedensbewegung enormen Auftrieb. Ohne Helmut Schmidts Politik wäre es kaum zur Gründung der Partei »Die Grünen« gekommen.

Andererseits: Der Regierung Schmidt gelang es, mit Konjunkturprogrammen und Steuersenkungen die Folgen der Rezession zu mildern. Im November 1975 war die konjunkturelle Talsohle erreicht, im Frühjahr kam es zu einer Belebung der Konjunktur. Außerdem hatte Schmidt es zu beachtlichem internationalen Ansehen gebracht. Seine enge Zusammenarbeit mit Frankreichs Staatspräsident Giscard d'Estaing und seine Auftritte auf internationalen Konferenzen brachten ihm einen neuen Ehrentitel ein: »Weltökonom«.

Trotzdem wurde es knapp bei der Bundestagswahl 1976. Die Union unter Kanzlerkandidat Helmut Kohl erreicht mit 48,6 Prozent das zweitbeste Ergebnis ihrer Geschichte – nur Adenauer war 1949 besser. Die SPD verliert über drei Prozent, die FDP bleibt stabil, sodass es zur Fortsetzung der sozialliberalen Koalition reicht. Die Bundesrepublik hat also wieder einen »gewählten« Kanzler.

Aber es lief nicht wirklich gut für Schmidt. Im Wahlkampf hatte er eine Rentenerhöhung von zehn Prozent versprochen, konnte das Versprechen wegen der schlechten Konjunkturentwicklung aber nicht einhalten. Das führte zu wütenden Protesten der Opposition, aber auch zu einer Vertrauenskrise in der Koalition. »Immer häufiger droht Helmut Schmidt in den letzten Wochen seinen Genossen mit dem Rücktritt – für ihn offenbar die einzige Möglichkeit, sich seiner Partei noch zu erwehren.«[6] Schreibt der »Spiegel« am 24. April 1977. Im Juni droht er erneut mit Rücktritt, weil die SPD-Fraktion die Steuerreform der Regierung nicht mittragen will. In dieser Zeit sinkt die Zustimmung zur Politik Helmut Schmidts von 55 Prozent im Sommer 1975 auf 38 Prozent. Ein Tiefpunkt.

Von dem sich Schmidt aber schnell erholte, weil er wieder als Krisenmanager gefordert war. Nach einer Serie von Terroraktionen der »Roten Armee Fraktion« hatte ein Palästinenserkommando eine Maschine der Lufthansa entführt, um RAF-Häftlinge aus verschiedenen Gefängnissen freizupressen. Die Maschine wurde von der Grenzschutz-Truppe GSG 9 gestürmt, die Geiseln befreit. Die Popularität des Kanzlers stieg im November 1977 wieder auf über 50 Prozent.

Gute Voraussetzungen für die Bundestagswahl 1980, bei der die Union der amtierenden Regierung unfreiwillig zu Hilfe kam. Oppositionsführer Kohl verzichtete auf die Kanzlerkandidatur und schob den niedersächsischen Ministerpräsidenten Ernst Albrecht nach vorne. Bayerns Ministerpräsident Franz Josef Strauß meldete aber auch seine Ansprüche an, und nach wochenlangem Streit votierte die Bundestagsfraktion für Strauß als Kanzlerkandidaten.

Ergebnis: Strauß holte 1980 über vier Prozent weniger als Kohl 1976, die SPD gewann leicht, die FDP deutlicher (fast drei Prozent plus), die Regierung Schmidt war abermals bestätigt. Und doch war dieser Erfolg der Anfang vom Ende der Ära Schmidt. Wie bei Adenauer, Erhard, Kiesinger, Brandt – die Verfallsgeschichte deutscher Kanzlerschaften wurde von Helmut Schmidt weitergeschrieben.

VIEL ENDZEIT

Das lag zum einen an Schmidt selbst und seiner Partei, zum anderen an der FDP. Helmut Schmidt war ohne Zweifel der richtige Mann für die Zeit in und nach der Wirtschaftskrise, der Krisenmanager, der Probleme anpackt und pragmatisch handelt. Das Profil der SPD freilich hatte sich in der Ära Schmidt gewandelt. Viele Sozialdemokraten wollten den gesellschaftspolitischen Reformkurs der späten 60er Jahre weiterführen. Die SPD hatte sich offen gezeigt für neue politische Tendenzen und wollte nicht plötzlich wieder umschwenken.

Das gilt freilich nur für einen Teil der Partei. Helmut Schmidt war immer mehr davon überzeugt, dass die »akademischen Linken«, die in den 60er Jahren in die Partei gekommen waren, völlig zu Unrecht den Ton angaben. »Ich kenne die Partei von ganz unten und bin nicht über akademische Seminare Sozialdemokrat geworden. Die Leute, die aus der 68er Studentenrevolte heraus zur SPD kamen, waren wütend auf die große Koalition, die nicht mein Werk war. ... Sie waren nicht nur wütend auf die große Koalition, sie waren auch wütend auf den sogenannten Extremistenerlass, der unter der Kanzlerschaft Brandts gegen meinen dringenden Rat ergangen ist.«[7]

Die große Mehrheit der Sozialdemokraten, so Schmidt, war auf seiner Seite. »Aber das Verhältnis zu einigen derjenigen, die laut tönend für die SPD hier auf der Bonner Bühne in den Medien auftraten, das war gefährdet.«[8] Das Problem ist nur: Schmidt wurde in den späten Jahren seiner Kanzlerschaft wahrgenommen als einer, der seine Partei insgesamt nicht hinter sich hat und nicht nur einige linke Querulanten. Der die Strömungen der Partei nicht zusammenführen kann. Was im Übrigen nicht seine Aufgabe war, sondern die des Parteivorsitzenden Brandt, der die Dinge aber – in der Wahrnehmung Schmidts – schleifen ließ. Es war am Ende die Schmidt-SPD, die vor allem zu jüngeren Wählern links der Mitte keine Bindung fand und damit auch den Rückhalt in einem Teil der Wählerschaft verlor.

Dieser Eindruck setzte sich dann auch allmählich bei führenden Politikern des Koalitionspartners fest. Für die FDP war es – nicht zuletzt durch das Erstarken alternativer Gruppen – eng geworden. Die Erfolge grüner und bunter Listen bei Landtagswahlen seit 1978 gingen meist zulasten der FDP. Also stellte sich die Frage, ob die Rolle der FDP als kleiner Partner in der sozialliberalen Regierung Zukunft habe, vor allem angesichts der Furcht, dass der Kanzler seine eigene Partei auf Dauer nicht auf seinen Kurs bringen könne.

Ein weiteres Element kam hinzu: Ende 1981 sorgten staatsanwaltschaftliche Ermittlungen gegen mehrere Politiker, darunter Wirtschaftsminister Lambsdorff, wegen der Parteispendenaffäre für politische Unruhe. Ein Strafprozess gegen Lambsdorff stand an. Abgeordnete aller drei Bundestagsfraktionen bereiteten daraufhin ein Amnestiegesetz vor, das zur Einstellung der laufenden Verfahren geführt hätte.

Im Frühjahr 1982 gab es zwei Versuche, ein solches Gesetz in den Bundestag einzubringen. »Der erste Versuch scheiterte in der SPD-Fraktion«, sagt Schmidt im Rückblick, »und der zweite Versuch scheiterte an mir.«[9] Er habe damals erklärt, er werde ein solches Gesetz nicht unterzeichnen. Damit war der Amnestieversuch gescheitert. »Dies war der Auslöser für die Feindschaft von Lambsdorff«.[10] »Viel Endzeit« notierte Peter Glotz, damals Bundesgeschäftsführer der SPD.[11]

Für die FDP stellte sich das natürlich anders dar. Vor allem für die beiden wichtigsten Betreiber des Koalitionsbruchs – Lambsdorff und Genscher. Genscher hatte schon im August 1981 in einem Brief an die FDP-Mitglieder von der Notwendigkeit einer Wende gesprochen. Das blieb zwar ziemlich allgemein: Es ging um Anspruchsmentalität, um den Wohlfahrtsstaat, um überzogene sozialpolitische Vorstellungen. Aber dieser »Wendebrief« wurde durchaus als Einstimmung auf die »Scheidung« von den Sozialdemokraten verstanden. Und sollte es wohl auch. Genscher hat zwar stets beteuert, dieser Brief sei keine Aufforderung zum Koalitionsbruch gewesen, sondern der Versuch, die Koalition zu einvernehmlichen Problemlösungen zu befähigen. Das scheint ihm freilich niemand geglaubt zu haben.

Die wirtschaftlichen Probleme sind inzwischen immer größer geworden, höhere Arbeitslosigkeit, Löcher im Haushalt, Anfang 1982 aber sieht es noch einmal nach einer Stabilisierung der Koalition aus: Überraschend stimmt Wirtschaftsminister Lambsdorff einem Beschäftigungsprogramm in Höhe von 12 Milliarden Mark zu, das der Regierung Schmidt eine Atempause verschaffen sollte.

Am 5. Februar stellt Schmidt die Vertrauensfrage. »Wer den Sozialdemokraten und den Freien Demokraten am 5. Oktober 1980 seine Stimme gegeben hat, … der braucht Gewissheit darüber, dass die Regierung ihr für vier Jahre erteiltes Mandat auch tatsächlich ausüben wird.« Sagt Schmidt im Bundestag. Alle Abgeordneten von SPD und FDP sprechen dem Kanzler das Vertrauen aus. Hans Apel schreibt: »Der Kanzler erwartet von dieser Abstimmung eine Stärkung seiner Position und eine Disziplinierung der SPD und des Herrn Genscher. Das aber ist ein Irrtum.«[12]

Denn das Vertrauen hält nicht lange. Die Spannungen nehmen wieder zu. Unter dem Eindruck der schlechten Landtagswahl-Ergebnisse in Niedersachsen und Hamburg beschließt die FDP in Hessen eine Koalitionsaussage zugunsten der CDU für die Wahl im September. Zusätzlich sorgten die wirtschaftspolitischen Beschlüsse des SPD-Parteitags in München im April für Unruhe. Lambsdorff sprach von einem »Gruselkatalog sozialistischer Marterwerkzeuge«[13] und trat da schon offen für einen Koalitionswechsel ein, während Gespräche zwischen Kohl und Genscher über eine neue Regierung noch mehr oder weniger heimlich geführt wurden.

Auch in der SPD gibt es Ermüdungserscheinungen. »Ich bin inzwischen dafür, dass wir Schluss machen«, notiert Bundesgeschäftsführer Glotz im Mai.[14] Und einen Monat später: »In einer ökonomischen Debatte wäre ich mit Lambsdorff in fünf Minuten einig. Aber es geht nicht um eine ökonomische Debatte, es geht um eine politische – um das Ende der Koalition, um die Frage, wer den schwarzen Peter bekommt.«[15]

Im Sommer 1982 schwirrten jedenfalls allerlei Gerüchte über ein Ende der Koalition durchs politische Bonn, monatelang machte die FDP-Führung dunkle Andeutungen über den Bruch der sozialliberalen Koalition. Am 1. September forderte Schmidt den Wirtschaftsminister auf, die wirtschaftspolitischen Vorstellungen der FDP schriftlich zu fixieren. Am 9. September nahm er im Bericht zur Lage der Nation zunächst die CDU ins Visier:»Sie machen nach jeder Seite hin freundliche Bemerkungen, Herr Dr. Kohl, aber Sie sagen niemandem, was Sie wirklich denken, vielleicht denken Sie gar nicht.« Und dann die Liberalen:»Offenbar gibt es auch bei der FDP den einen oder anderen Kollegen, der einen solchen Wechsel in einer ungewissen Zukunft erhofft. Die Zeitungen berichten seit Wochen darüber. Es handelt sich meist um doppeldeutige Äußerungen.« Und schließlich:»Der Bundeskanzler weiß, dass man Reisende nicht aufhalten soll.«

Am nächsten Tag erhält Schmidt das angeforderte Lambsdorff-Papier, ein Konzept zur Bekämpfung von Arbeitslosigkeit und Rezession. Ein»Manifest der Sezession« mit»Anhäufungen von Grausamkeiten«, wie Schmidt feststellte. Kernpunkte: Anpassung der sozialen Sicherungssysteme an veränderte Wachstumsmöglichkeiten, Verbilligung des Faktors Arbeit, Begrenzung des Arbeitslosengeldbezuges, Anhebung der Renteneinstiegsgrenze und dergleichen mehr. Nebenbei: Alles Maßnahmen, die man in Gerhard Schröders Agenda 2010 Jahre später wiederfindet.

Das Lambsdorff-Papier war als»Scheidungspapier« gedacht, und es wirkte so. Schmidt kündigt die Entlassung der vier FDP-Bundesminister Genscher, Lambsdorff, Baum und Ertl an, der sie am 17. September mit ihrem Rücktritt zuvorkommen. Das war das Ende der sozialliberalen Koalition. Schmidt blieb noch zwei Wochen Kanzler einer Minderheitsregierung. Er hatte »unverzügliche Neuwahlen« gefordert, was Kohl und Genscher aber ablehnten. So kam es zum ersten erfolgreichen Misstrauensvotum in der Geschichte der Bundesrepublik: Helmut Kohl wurde von der CDU-CSU-FDP-Mehrheit im Bundestag am 1. Oktober 1982 zum neuen Bundeskanzler bestimmt.

Dieser Entscheidung war eine hoch emotionale Debatte vorausgegangen. Helmut Schmidt warf der FDP, speziell Hans-Dietrich Genscher, Wortbruch und Täuschung vor. Er wies auf das gute Wahlergebnis von 1980 hin und den ausdrücklich bekräftigten »Willen zum Zusammenwirken« für weitere vier Jahre. »Seit dem August des vorigen Jahres«, so Schmidt wörtlich, »ist der Vorsitzende der FDP zielstrebig und schrittweise von allen früheren Erklärungen abgerückt. Am 9. September habe ich ihn von dieser Stelle aus zu einer klaren Antwort aufgefordert. Es hätte zu der Antwort nur eines einzigen Satzes bedurft. Aber dieser eine Satz ›Wir stehen fest zur sozialliberalen Koalition‹ wurde absichtsvoll vermieden.« Stattdessen sei der Bruch der Koalition betrieben worden. »Über viele Jahre, Herr Kollege Genscher, werden die Bürger dieses Verhalten nicht vergessen.« Und weiter: »Mehr als drei Viertel der Bürgerinnen und Bürger sind für Neuwahlen zum Bundestag. Sie empfinden die Art des Wechsels, der heute von Ihnen in geheimer Abstimmung herbeigeführt werden soll, als Vertrauensbruch. Ihre Handlungsweise ist zwar legal, aber sie hat keine innere, keine moralische Rechtfertigung.«

Eine beeindruckende Rede, aber sie ließ die kalt, an die sie adressiert war. Denn Kohl und Genscher hatten genau die Art von Hinterzimmerpolitik betrieben, die in der deutschen Politik längst üblich geworden war. Kohl wollte an die Macht und sah die Chance, etwas zu erreichen, was er durch Wahlen nicht geschafft hatte: Kanzler zu werden. Und Genscher wollte an der Macht bleiben und sah die Chance, das zu erreichen, ohne sich einer Wahl zu stellen. Natürlich ist das Putsch und Verrat. Aber illegal ist es nicht.

Helmut Kohl war am Ziel. Einmal – 1976 – war er schon gegen Schmidt angetreten und hatte verloren. Vier Jahre später hatte er auf eine eigene Kandidatur verzichtet, da hatte Strauß gegen Schmidt verloren. Jetzt war er der Sieger – ohne gegen Schmidt angetreten zu sein.

1918	Am 23. Dezember in Hamburg geboren
1937-1939	Nach dem Abitur Arbeitsdienst und Wehrdienst
1939-1945	Soldat
1946-1949	Studium Volkswirtschaft und Staatswissenschaften in Hamburg, Diplom-Volkswirt
1946	SPD-Mitglied
1947-1948	Vorstandsvorsitzender des Sozialistischen Studentenbundes (SDS)
1949-1953	Referent bei der Hamburger Behörde für Wirtschaft und Verkehr, seit 1952 Leiter des Amts für Verkehr
1953-1961	Mitglied des Bundestages
1961-1965	Innensenator in Hamburg
1965-1987	Mitglied des Bundestages
1967-1969	Vorsitzender der SPD-Bundestagsfraktion
1968-1984	Stellvertretender SPD-Vorsitzender
1969-1972	Bundesverteidigungsminister
1972-1974	Wirtschafts- und Finanzminister, ab Ende 1972 nur Finanzminister
1974-1982	Bundeskanzler
1983-2015	Mitherausgeber der »Zeit«
2015	Am 10. November in Hamburg gestorben

KANZLER DER EINHEIT –
HELMUT KOHL

Also schon wieder kein »Gewählter«. Sondern ein Kanzler, der durch den »Putsch« vor allem Hans-Dietrich Genschers gegen Bundeskanzler Schmidt als dessen Nachfolger installiert wurde. Die Begriffe »Verrat« und »Putsch« kann man als Überdramatisierung empfinden. Schließlich ist ein konstruktives Misstrauensvotum – Schmidt selbst hat darauf hingewiesen – ein legales Mittel, vom Grundgesetz ausdrücklich gewollt.

Nur gemeint war von den Verfassungsmüttern und -vätern etwas anderes: Wenn eine Mehrheit des Parlaments kein Vertrauen zum Regierungschef hat, kann sie ihm das Misstrauen aussprechen. Sie muss sich aber auf einen Nachfolger geeinigt haben: Das ist das Konstruktive daran. Damit das Land nicht ohne Regierung dasteht.

Nicht gemeint ist, dass eine Partei, die wegen ihrer eigenen Schwäche Angst um künftige Regierungsbeteiligungen hat, hinter dem Rücken des Kanzlers seinen Sturz ausheckt, während sie ihm Auge in Auge versichert, zu ihm zu stehen. Da darf man getrost von »Putsch« sprechen.

Nun hätte man den Geburtsfehler der neuen Koalition leicht und schnell beheben können. Zwar waren Kohl und Genscher gegen Neuwahlen statt Misstrauensvotum. Sie wollten so schnell wie möglich an die Macht. Aber es wäre möglich gewesen, noch im Jahr 1982 Neuwahlen anzusetzen. Unter dem Eindruck des »Verrats« wäre das Ergebnis sicher anders ausgefallen als fünf Monate später. Da hatte sich der Volkszorn über die »Wende«, wie Union und FDP ihr Manöver nannten, weitgehend gelegt. Helmut Schmidts Vermutung, die Bevölkerung werde Hans-Dietrich Genscher den »Verrat« lange nicht vergessen, war irrig.

In der FDP war der Zorn über den Koalitionsbruch allerdings groß. Etwa 20.000 Mitglieder verließen aus Protest die Partei, darunter auch einige Bundestagsabgeordnete, unter anderem Ingrid Matthäus-Maier, die zur SPD wechselten.

Für die CDU war wichtig, als Kanzlerpartei zu Neuwahlen anzutreten. Kohl war dabei klar, dass eine absolute Mehrheit für die Union nicht realistisch war, dass er also die FDP zur Regierungsbildung brauchte. Eine der Bedingungen des Kanzlersturzes war, so erinnert sich Genscher, dass die FDP eine »Schonzeit« bekam, um vom »Makel des Putsches und des Verrats«[1] loszukommen.

Die Rechnung ging auf. In seiner Regierungserklärung vom 13. Oktober kündigte Kohl Neuwahlen für den 6. März des nächsten Jahres an. Voraussetzung für Neuwahlen ist aber die Auflösung des Bundestages, und die geht nicht so einfach. Kohl griff zu einem Trick, den auch Brandt schon angewandt hatte: Er stellte am 13. Dezember die Vertrauensfrage, eigentlich ein Instrument, um eine Regierung zu bestätigen und zu stärken. Um die Bundestags-Auflösung zu ermöglichen, mussten die Abgeordneten von CDU, CSU und FDP sich der Stimme enthalten. Die Nein-Stimmen der SPD führten dann dazu, dass dem Bundeskanzler das Vertrauen nicht ausgesprochen wurde, worauf der dem Bundespräsidenten die Auflösung des Bundestages vorschlagen konnte.

In diesem Fall war die Trickserei besonders offensichtlich, weil die Regierungsfraktionen noch am Tag vor der Abstimmung den Haushalt für 1983 verabschiedet hatten. Mehr Vertrauen geht wohl nicht. Tags darauf war es plötzlich abhandengekommen. Ein drastischer Missbrauch der Verfassung, möchte man meinen. Bundespräsident Karl Carstens (CDU) hatte denn auch erhebliche Bedenken, dieses Spiel mitzumachen. Erst am 7. Januar 1983 – das ist die volle Länge der im Grundgesetz vorgesehenen Frist – löste er den Bundestag auf. Erstaunlich schnell entschied das Bundesverfassungsgericht. Am 16. Februar lehnten die Richter die Klage von vier Abgeordneten gegen die Auflösung zur Überraschung vieler Rechtsexperten ab. Kohl hatte das Spiel gewonnen.[2]

Und er gewann die Wahl überraschend klar. Mit 48,8 Prozent erreichte die Union das zweitbeste Ergebnis ihrer Geschichte, 0,2 Prozent mehr als 1976. Nur die FDP bekam ihr Fett weg: Nur noch 7 Prozent wählten die »Umfaller«-Partei, die bei der Bestätigung der sozialliberalen Koalition im Oktober 1980 noch über 10 Prozent bekommen hatte. Aber insgesamt war die Rechnung von Kohl und Genscher aufgegangen. Die SPD fiel wieder unter 40 Prozent, und die Grünen kamen mit 5,6 Prozent zum ersten Mal in den Bundestag.

GEISTIG-MORALISCHE WENDE

Die Erwartungen an die Regierung Kohl waren von Anfang an hoch. Was unter anderem an dem Anspruch lag, nicht nur eine politische Wende hinzulegen, sondern eine »geistig-moralische Wende«. Mit diesem Anspruch ist Kanzler Kohl vom ersten Tag an konfrontiert. Diese Formel kommt allerdings bei Kohl zunächst gar nicht vor. 1980 war auf einer Delegierten-Konferenz von CDU und CSU in Mannheim für die »Wende in Deutschland« ein Manifest mit dem Versprechen einer »politischen und geistigen Wende« verabschiedet worden.[3] Aber die Formulierung »geistig-moralische Wende« kommt weder in den Wahlprogrammen von CDU und CSU 1982 und 1983 noch in Kohls Regierungserklärungen noch auf den Parteitagen dieser Jahre vor. Allerdings spricht Kohl in einem Zeitschriftenartikel im Wahlkampf 1983 von einer »geistig-moralischen Krise«, gegen die er anzukämpfen gedenke.[4]

Das blieb aber marginal. Aus Rücksicht auf die FDP vermied Kohl meist den Begriff »Wende«. Schließlich hatte die FDP seit 1969 mitregiert, und eine Wende würde dann auch Kritik an und Abwendung von der FDP bedeuten. Der CSU war das zu wenig. Franz Josef Strauß fragte in der FAZ, wie Kohl denn sein Versprechen von »geistiger Wende und moralischer Erneuerung« mit der Forderung der FDP nach Kontinuität zum Beispiel in der Innen- und Rechtspolitik in Einklang bringen wolle.[5] Als dann Kohl wenig später auf dem CDU-Parteitag in Köln von »Erneuerung der geistig-moralischen Grundlagen der Politik« sprach, forderte Strauß ausdrücklich »die geistig-moralische Wende in unserer Gesellschaft und in unserem Staat«.[6]

»Damit war der Ton für die nächste Zeit gesetzt.«[7] Strauß und die CSU klagten in den Anfangsjahren der schwarz-gelben Koalition immer wieder die »geistig-moralische Wende« ein, die Formel blieb ein Dauerbrenner, auch weil die politischen Gegner diese gegen ihre Urheber wendeten – als Kritik an einem vermeintlichen Rückfall in reaktionäre Politik.

Diese reaktionäre Wende hat es freilich so nie gegeben. In der Außenpolitik setzt die Regierung Kohl/Genscher auf Kontinuität, die Reformen in der Wirtschafts- und Sozialpolitik sind eher vorsichtig, und ansonsten ist eher eine Öffnung zu sozialen Bewegungen – Stichwort »Neue soziale Frage« – als der befürchtete Marsch zurück in die Adenauer-Republik zu registrieren. Grund genug für die CSU, vor allem für Franz Josef Strauß und einige stramm konservative Publizisten, immer wieder das Ausbleiben der »geistig-moralische Wende« zu beklagen.[8] Sie bleibt ein Stachel in der Arbeit der Koalition. Am Ende stellt Konrad Adam von der FAZ fest: Die Absicht Kohls, »geistig und moralisch zu führen«, ist »offenbar gescheitert«.[9]

FEHLSTART

Was vor allem daran lag, dass Helmut Kohl und seine Regierung anderes zu tun hatten, als »geistig-moralisch« zu glänzen. Politisch-inhaltlich sah die Regierung Kohl/Genscher nämlich gar nicht gut aus. Ihr großes Ziel: Sparen, sparen, sparen. Senkung der Nettokreditaufnahme auf unter vier Milliarden Mark. Ausgabenkürzungen in Höhe von sieben Milliarden. Das Problem von Kohl und seiner Mannschaft war, dass auf Kosten der Arbeitslosen, der Sozialhilfeempfänger, der Rentner gespart wurde. Zweimal hintereinander verschob die neue Regierung die Rentenanpassung, mit dem Ergebnis, dass vor allem Kleinrentner unter das Sozialhilfeniveau abrutschten. Die Kürzung des Arbeitslosengelds und der Leistungen für Behinderte sorgten dafür, dass diejenigen, die am wenigsten hatten und sich am wenigsten wehren konnten, am schlimmsten vom Sozialabbau betroffen waren.

»Sozialabbau« – ein Begriff, der im ersten Jahr der Regierung Kohl/Genscher Karriere machte. Sehr beliebt auch der Begriff »Kahlschlag«. Der bezog sich vor allem auf die Ausbildungsförderung, hier holzten Bildungsministerin Wilms im Auftrag von Kohl und Finanzminister Stoltenberg alles ab, was im Wege war. Solche Themen regten damals noch viele Menschen auf. Monatelang waren Zeitungen, Rundfunk und Fernsehen voll vom Bafög-Skandal. Kurzum: Die Regierung Kohl/ Genscher legte 1983 einen glatten Fehlstart hin.

Dazu kam die Arbeitslosigkeit. An die zweieinhalb Millionen Arbeitslose hatte die Regierung Kohl/Genscher übernommen, der wirtschaftliche Aufschwung sollte Abhilfe schaffen. Massiver Abbau von sozialen Leistungen schafft Aufschwung, schafft Arbeitsplätze – das war das Rezept. Nur, es funktionierte nicht. »Der Konjunkturfrühling spielt sich derzeit noch in den Köpfen der Wirtschaftspolitiker und der Prognostiker ab«, erklärte Otto Wolff von Amerongen, Präsident des Deutschen Industrie- und Handelstages, im Mai 1983. Und das sollte noch eine Weile so bleiben. Helmut Kohl, der schlapp an einer Reckstange baumelt und vom Aufschwung faselt – das war, in vielen Varianten, eine der meistverbreiteten Karikaturen in den ersten Regierungsjahren.

Als der Aufschwung dann allmählich kam, zeigte sich, dass Wirtschaftswachstum allein die Arbeitslosigkeit nicht beseitigt. Das wussten die Experten schon lange, bis in die Politik hatte sich das nur noch nicht herumgesprochen. Auch die Steuerreform von Finanzminister Stoltenberg führte zunächst nicht zu den erhofften Erfolgen, zumal diese Reform immer wieder aus den eigenen Reihen angegriffen und torpediert wurde, vornehmlich aus Bayern, wo Franz-Josef Strauß eifrig darauf hinarbeitete, das Heft in Bonn selbst in die Hand zu nehmen.

Der Motor der Regierung Kohl/Genscher stotterte im ersten Jahr also heftig, nichts wollte gelingen. Nicht in der politischen Alltagspraxis, erst recht nicht in der Außendarstellung. Helmut Kohls unglückliche Liebe zur deutschen Sprache und sein gelegentlich täppisches Auftreten hatten ihn schon als Oppositionsführer zu einer Witzfigur gemacht, nun wurde er auch noch im Ausland belächelt. Obwohl er kein Englisch konnte, meinte er auf Auslandsreisen oder vor ausländischen Besuchern in Bonn immer mal wieder englische Brocken unters Volk bringen zu müssen – das kam gelegentlich an die Sprachkapriolen des früheren Bundespräsidenten Heinrich Lübke heran.

Und die Konservativen in der Union forderten immer stärker ihr Recht ein. Vor allem beim Abtreibungsrecht sollte eine Gegenreform kommen, beim Demonstrationsrecht sollten sozialliberale Reformen rückgängig gemacht werden – das waren von Anfang an Dauerstreit-Themen sowohl innerhalb der Union als auch vor allem zwischen Union und FDP, die ihren arg angekratzten liberalen Ruf wenigstens bei diesen Kernthemen bewahren wollte. Dauerstreit gab es 1983 auch um die Volkszählung, die Innenminister Zimmermann gegen den erbitterten Widerstand einer Mehrheit in der Bevölkerung durchsetzen wollte. Das Bundesverfassungsgericht pfiff ihn zurück.

Auch für Skandalgeschichten war reichlich gesorgt. Im ersten Amtsjahr von Kanzler Kohl wird der Flick-Untersuchungsausschuss eingesetzt, in dem Spitzenpolitiker reihenweise Gelegenheit bekommen, sich zu blamieren. Einen Skandal allererster Güte inszenieren Helmut Kohl und die Unionsspitze, als sie per Gesetz alle Parteispendensünder amnestieren wollen.

Eine besondere Blamage erlebte die Bundesregierung zum Jahresende 1983 mit der Wörner-Kießling-Affäre: NATO-General Kießling wird wegen angeblich homosexueller Neigungen vorzeitig in den Ruhestand geschickt. Wie sich herausstellt, ist Kießling Opfer einer Rufmordkampagne des Militärischen Abschirmdienstes, an der sich auch Verteidigungsminister Wörner beteiligt hat. Kießling wird rehabilitiert, geht aber trotzdem. Wörner bleibt, und Kohl ist mit blamiert.

Vor der Wahl im Januar 1987 ist die Regierung im Meinungstief. Aber schon zu Anfang des Jahres ändert sich die Stimmung, die wirtschaftliche Lage führt zu mehr Optimismus. Bei der Wahl büßt die Union zwar 4,5 Prozentpunkte ein, liegt aber immer noch deutlich vor der SPD, die Koalition kann mit einer sicheren Mehrheit weiterregieren. Aber das hält nicht lange an. Im Laufe des Jahres 1987 übernimmt die SPD im Politbarometer wieder die Führung, die Zustimmung zur Politik Kohls sinkt 1989 auf 27 Prozent. Im Mai 89 sprechen sich 45 Prozent für den Rücktritt des Kanzlers aus, nur 28 Prozent sind dagegen. Das Ende der Ära Kohl scheint schon nach vier Jahren gekommen.

Probleme gibt es vor allem innerhalb der CDU, in erster Linie mit Generalsekretär Heiner Geißler. Der hatte schon 1983 gefordert, die CDU müsse auch als Regierungspartei eine eigenständige Rolle spielen und sei »kein Jubelverein für die Regierung«.[10] Er warnte vor der Arroganz der Macht, die der erste Schritt auf dem Weg in die Opposition sei. Geißler hat diese Warnung bei allen Parteitagen der frühen 80er Jahre und allen möglichen anderen Gelegenheiten wiederholt und damit im Laufe der Zeit die Nerven des Parteivorsitzenden arg strapaziert.

Kohl – in den 70er Jahren selbst eifriger und erfolgreicher Reformer der CDU – war immer weniger einverstanden mit Geißlers Vorstellung, dass die Partei vorausdenken, Tendenzen der Gesellschaft aufnehmen und Konzepte für die Zukunft erarbeiten müsse.

Schließlich kommt es zum offenen Konflikt mit Geißler. Seit dem Sommer 1988 gibt es immer wieder Gerüchte, dass Kohl Geißler entlassen wolle, im November 88 kommt eine förmliche Abmahnung: Kohl werde ihn beim nächsten Parteitag nicht mehr als Generalsekretär vorschlagen.

ENDZEIT UND WIEDERGEBURT

Das Jahr 1989 wird für Kohl besonders schwierig. Es rumort in der Partei, die Umfragen sind schlecht, die nächste Bundestagswahl droht verloren zu gehen. Im Januar verliert die CDU die Berlin-Wahl, eine rot-grüne Regierung kommt ans Ruder. Im März bricht die CDU bei den Kommunalwahlen in Hessen um fast sieben Prozentpunkte ein. Die Unzufriedenheit in der Partei ist groß. Im April versucht Kohl, seine Kritiker mit einer Kabinettsumbildung zu beschwichtigen. Er bietet Heiner Geißler jetzt das Innenministerium an, der lehnt aber dankend ab mit der Begründung, dass er als Generalsekretär der CDU besser dienen könne.

»Kohl soll weg – aber wie?« titelte der »Spiegel« im März 1989, Putschgerüchte gingen um. Beim Bremer Parteitag im September sollte der große Showdown kommen. Und er kam. Doch Kohl war am Ende der strahlende Sieger, die vermeintlichen Putschisten gingen wie begossene Pudel nach Hause.

Die Initiative war von Heiner Geißler ausgegangen. Kohl sollte in Bremen als Parteivorsitzender abgelöst werden. Das fanden viele in der Parteiführung unausgegoren: Kohl den Vorsitz streitig zu machen, ihn aber Kanzler bleiben zu lassen, sei eine halbe Sache. Am Ende bleiben nur Geißler selbst, Rita Süssmuth, Lothar Späth, Ernst Albrecht und Norbert Blüm als potenzielle Putschisten übrig. Aber sie können sich bei einer Verschwörungssitzung am 28. August 1989, einen Tag vor Präsidiums- und Vorstandssitzung, nicht auf ein Konzept einigen. Also war tags darauf in den Führungsgremien keine Rede mehr von Kohls Ablösung. Der Putsch war zu Ende, bevor er begonnen hatte.

Trotzdem war der Bremer Parteitag in der Sicht Kohls und vor allem in den Medien der Tag der Entscheidung. Kohl hatte natürlich von alledem Wind bekommen und sein parteiinternes Netzwerk aktiviert, sodass ihm klar war, dass es in Bremen keine Mehrheit für seine Abwahl geben würde. Aber immer noch wird Rita Süssmuth als Gegenkandidatin zu Kohl gehandelt. Nur kommt es nicht einmal zu einem Antrag, über Kohls Absetzung zu reden, geschweige denn zu einem Putsch.

Wobei schon hier der von Kohl so geliebte »Mantel der Geschichte« heftig weht. Am 10. September 1989, einen Tag vor Beginn des Bremer Parteitags, informiert der ungarische Botschafter in Bonn das Kanzleramt darüber, dass ab 24 Uhr DDR-Bürger von Ungarn aus in ein Land ihrer Wahl reisen dürfen. Kohl sorgt dafür, dass diese Nachricht erst zur »Tagesschau«-Zeit öffentlich wird. Mit diesem Erfolg im Gepäck ist Kohl in Bremen endgültig unangreifbar.

Nach dem abgesagten Putsch von Bremen saß Kohl wieder sicher im Sattel. Was nicht heißt, dass die Kritik an ihm in der Öffentlichkeit verstummte. Als er im November 1989 Polen besuchte, war sein Renommee mal wieder an einem Tiefpunkt. Er hatte mit plumpen Äußerungen zur Oder-Neiße-Grenze für einigen Unmut gesorgt, sein Besuch im Vernichtungslager Auschwitz-Birkenau war ausgerechnet für einen Samstag – den jüdischen Sabbat – geplant, und auf dem Annaberg in Oberschlesien sollte ein gemeinsamer Gottesdienst abgehalten werden. Genau dort, wo deutsche Freikorpstruppen 1921 eine blutige Schlacht gegen polnische Widerstandskämpfer geschlagen hatten.

Da kam, Kohl saß gerade beim Staatsbankett in Warschau, am 9. November die Meldung von der Öffnung der Mauer. Es war ein Befreiungsschlag. Die Art und Weise, wie Kohl diese geschichtliche Chance ergriff, hat ihn für eine lange Weile fast unangreifbar gemacht.

Er reagiert schnell und entschlossen: Am 28. November legt Kohl sein Zehn-Punkte-Programm vor mit einem Plan zu einer deutsch-deutschen Konföderation und der »Wiedergewinnung der staatlichen Einheit Deutschlands«. Er besucht in Dresden Hans Modrow, den letzten DDR-Regierungschef, und führt Gespräche mit Washington, Paris, London, Moskau, um die Positionen der Siegermächte auszuloten – alles im Sauseschritt.

Es folgen die Zwei-plus-Vier-Gespräche – Kohl und Genscher, Bush, Thatcher, Mitterand, Gorbatschow – mit dem Durchbruch am 15. Juli 1990 in Moskau. Die deutsche Einheit wurde möglich, Kohl war obenauf. Erstmals seit 1982/83 hatte eine Mehrheit der Befragten wieder eine positive Meinung von Kohl. Es folgte ein deutlicher Sieg bei der Bundestagswahl am 2. Dezember 1990: Union 43,8 Prozent, elf Prozent für die FDP, die SPD rutscht auf 33,5 Prozent ab, die Grünen fliegen aus dem Bundestag raus.

Allerdings verfliegt die Euphorie über die deutsche Einheit bald. Sorgen über die Kosten machen sich breit, die Arbeitslosigkeit wird erneut zum Thema, die Politik der Regierung Kohl wird wieder zunehmend kritisch bewertet. Nach Niederlagen bei Landtagswahlen registrieren Meinungsforschungsinstitute einen Stimmungsumschwung zugunsten der SPD: Anfang 1994 liegen die Sozialdemokraten mit Kanzlerkandidat Rudolf Scharping bei 40 Prozent, die Grünen bei 10, eine rot-grüne Regierung scheint in Reichweite.

Aber im Lauf des Jahres holt das Regierungslager auf, und am Ende wird die Regierungskoalition bestätigt – zum dritten Mal ein »richtig« gewählter Kanzler Kohl! Er ist mittlerweile elf Jahre im Amt, und viele Menschen – in der Politik, in den Medien, in der Öffentlichkeit – fragen sich, wie es denn mit einem Nachfolger sei. Wolfgang Schäuble, wer sonst?

Nach der Wahl 1990 hatte Kohl Schäuble gebeten, den Vorsitz der deutlich größer gewordenen Bundestagsfraktion zu übernehmen. Damit war für manche in der CDU und in den

Medien die »Kronprinzenfrage« gestellt, womöglich auch schon beantwortet. Aber Kohl hält alles offen. In einer Fernsehdiskussion vor der Wahl 94 hatte er erklärt, das sei dann »mit Sicherheit meine letzte Amtsperiode« als Kanzler und er wolle nicht bis 1998 im Amt bleiben. Zu Deutsch: Sollte er wiedergewählt werden, würde er noch während der Legislaturperiode das Amt abgeben. Diese Interpretation bestätigt er wenige Tage später bei einem Wahlkampfauftritt in Mödlareuth am 3. Oktober: Er wolle 1996 zurücktreten. Diese Aussage schwächt er im weiteren Verlauf des Wahlkampfes wieder ab, und nach dem knappen Wahlausgang ist keine Rede mehr davon.

Das Jahr 1996 ging vorüber, man blickte auf den nächsten Wahltermin 1998. Wolfgang Schäuble erklärte in einem »Stern«-Interview im Januar 1997 auf die Frage nach der Kanzlerschaft: »Wahrscheinlich würde ich der Versuchung nicht widerstehen.«[11] Die Retourkutsche kam schnell: Am 3. April 1997 sagt Kohl auf die Frage von Sigmund Gottlieb in der ARD, ob er 1998 wieder antrete: »Ganz klares Ja, unter der Voraussetzung, dass meine Partei und meine politischen Freunde dies so wollen.« Weder die Partei noch die Fraktion wussten etwas von dieser Selbstnominierung.

Beim Leipziger Parteitag am 14. Oktober 1997 bekommt Schäuble frenetischen Applaus für seine Rede, während der Beifall für Kohl so müde ist wie seine Rede. Kohl reagiert wie immer: Wenn er sieht, wohin der Hase läuft, setzt er sich an die Spitze der Bewegung. Unmittelbar nach dem Parteitag erklärt er, dass Schäuble sein Nachfolger werden soll. Er nennt aber keinen Termin.

Das übernimmt drei Stunden später Generalsekretär Peter Hintze. Die CDU hat einen Kanzler, sagt er, und der will bis 2002 regieren. Soll heißen: Kohl bestimmt, was läuft. Und zwar ,wer sein Nachfolger wird und wann.

Die Nachfolgefrage kocht in der Partei und in der Öffentlichkeit hoch. In einer Umfrage sprechen sich 47 Prozent für Schäuble aus, 40 Prozent für Kohl. Und Schäuble gewinnt in Umfragen immer häufiger gegen Kohl.

ENDGÜLTIG ENDZEIT

Zu Beginn des Jahres 1998 wird die Lage für die Koalition und speziell für Kohl immer schwieriger. Die Begriffe »Kohl-Müdigkeit« und »Wechselstimmung« machen die Runde. Seit September 1997 (und dann bis zur Bundestagswahl) scheitert die FDP bei allen Landtagswahlen. Was manche in der CDU mit einer großen Koalition liebäugeln lässt. Das ist mit Kohl aber nicht zu machen, er hält an der FDP fest. Das bringt seine Parteifreunde gelegentlich zur Verzweiflung. Ein Beispiel: Ende 1997 wird mal wieder über eine Steuerreform gestritten. Schäuble und Waigel haben sich mit SPD-Chef Scharping auf einen Kompromiss geeinigt, aber die FDP blockiert, weil eine Erhöhung der Mineralölsteuer vorgesehen ist. Kohl gibt nach, die Reform findet nicht statt.

Schon im Mai 1997 hatten sich in einer bundesweiten Umfrage 56 Prozent der Befragten dagegen ausgesprochen, dass Kohl noch einmal antritt. »Kohls Macht zerfällt«, »Wie lange noch?«, »Kohl kaputt« – das sind typische Schlagzeilen in diesen Zeiten. Im Januar 98 liegt Kohl im Vergleich mit SPD-Herausforderer Schröder bei 29 zu 55 Prozentpunkten. Das Verhältnis Kohl-Lafontaine ist etwas günstiger: 38 zu 44. Angesichts der schweren Haushaltkrise gibt es Tendenzen in der FDP, aus der Regierung auszusteigen.

Für Gerhard Schröder ist die erneute Kandidatur Kohls ein Glücksfall. Mit Schäuble als Gegner hätte er es schwerer gehabt. Und Kohl hatte mit Lafontaine gerechnet. Der Linke wäre ihm lieber gewesen. Am 27. September 1998 ist es so weit: Die Union stürzt von 41,5 auf 35,2 Prozent ab, die SPD steigt von 36,4 auf 40,9 Prozent, die Grünen landen bei 6,7. Die rot-grüne Koalition wird Wirklichkeit. Zum ersten Mal in der Geschichte der Bundesrepublik wird ein Kanzler nicht aus dem Amt getrickst, geschubst, gequält, sondern einfach abgewählt. Und zum ersten Mal wird ein Herausforderer Bundeskanzler, also einer, der nicht schon im Amt war.

1930	Am 3. April geboren in Ludwigshafen
1948	CDU-Mitglied
1950-1956	Studium Geschichte und Rechts- und Staatswissenschaft in Frankfurt/Main und Heidelberg
1958	Promotion
1955-1966	Landesvorstand CDU Rheinland-Pfalz
1959-1969	Referent beim Industrieverband Chemie Ludwigshafen
1959-1976	CDU-Landtagsabgeordneter in Mainz
1963-1969	CDU-Fraktionsvorsitzender im Landtag Rheinland-Pfalz
1966-1974	Ministerpräsident Rheinland-Pfalz
1973-1998	CDU-Bundesvorsitzender, danach Ehrenvorsitzender
1975	Kanzlerkandidat, Niederlage gegen Helmut Schmidt
1976-1982	CDU-Fraktionsvorsitzender im Bundestag
1982-1998	Bundeskanzler
1999	Im November wird die Verwicklung von Kohl in die CDU-Parteispendenaffäre bekannt, Kohl gibt zu, Millionenspenden entgegengenommen zu haben und weigert sich, die Spender zu nennen
2017	Am 16. Juni in Ludwigshafen-Oggersheim gestorben

DER AGENDA-MANN –
GERHARD SCHRÖDER

Na endlich. Der erste Regierungswechsel in der Geschichte der Bundesrepublik, der tatsächlich von den Wählern herbeigeführt wurde. Helmut Kohl ist eindeutig abgewählt worden. Zur Erinnerung: Die Wechsel von Adenauer zu Erhard, von Erhard zu Kiesinger, von Brandt zu Schmidt, von Schmidt zu Kohl waren nicht Ergebnisse von Wahlen. Genau genommen auch nicht der Wechsel von Kiesinger zu Brandt.

1998 aber hat die SPD klar gewonnen. Sie kann zwar nicht allein regieren, aber sie kann sich den Koalitionspartner aussuchen. Die erste rot-grüne Bundesregierung tritt an. Und es sieht zunächst nach einem glänzenden Start aus. Der großartige Sieg über Kohl wird von vielen als Aufbruch in eine neue Ära empfunden, als Symbol für Dynamik und Jugendlichkeit gegen das Altväterliche und Verkrustete der Regierung Kohl. »In der Tat wehte der Wind der Veränderung scharf wie nie durchs Land«, schrieben Arnulf Baring und Gregor Schöllgen. »Neuer Kanzler, neue Koalition, in Bälde neuer Parlaments- und Regierungssitz, neue Währung, neues Jahrtausend.«[1]

Aber schon bald gibt es erste Irritationen, es entsteht der Eindruck von Konzeptionslosigkeit. Konsolidierung der Staatsfinanzen, Senkung der Arbeitslosenzahlen, Atomausstieg, Ökosteuer, doppelte Staatsbürgerschaft – das waren die rot-grünen Prestigeprojekte. Ausgerechnet beim Atomausstieg und bei der

Ökosteuer ging es allerdings nur schleppend voran. Einer der Gründe: Schröder wollte diese Fragen im Konsens mit den Wirtschaftsverbänden lösen, der grüne Koalitionspartner setzte eher auf gesetzliche Lösungen. Das belastete den rot-grünen Neuanfang. »Also keine Euphorie nach der Wahl«, resümierte Schröder später.[2]

Und dann der Paukenschlag: Finanzminister Oskar Lafontaine geht fünf Monate nach der Regierungsbildung von Bord. Mehr Krise geht eigentlich nicht. Schröder hatte Lafontaine große Zugeständnisse gemacht. Das Finanzministerium wurde erheblich aufgewertet durch eine Reihe von Zuständigkeiten, die dem Wirtschaftsministerium entzogen wurden. Der Unternehmer Jost Stollmann, der eigentlich Wirtschaftsminister hätte werden sollen, verzichtete daraufhin auf das Amt. Lafontaine wollte diesen Machtzuwachs nutzen, um die Regierungspolitik entscheidend mitzubestimmen. In Schröders Sicht: »Oskar war entschlossen, sich im Kabinett als eine Art Schatzkanzler britischer Provenienz zu etablieren – nach dem Motto: Es ist mir gleich, wer unter mir Bundeskanzler ist.«[3] Nicht nur in Schröders Sicht. Auch nach Meinung anderer »profilierte sich der streitbare Saarländer zunehmend als eine Art Gegenkanzler und baute sein Finanzministerium zur heimlichen Regierungszentrale aus.«[4]

Lafontaine hatte große Pläne. Er wollte der Welt eine neue Finanzarchitektur geben, gemeinsam mit den USA und Japan, zur Not auch ohne die USA. Er war überzeugt, zusammen mit Frankreich den Einfluss der USA im Internationalen Währungsfonds zurückdrängen zu können. Das britische Boulevardblatt »Sun« kürte ihn daraufhin zum »gefährlichsten Mann in Europa«.

Kanzler Schröder ist nicht eben entzückt über diese Entwicklung, und so sieht die rot-grüne Politik gelegentlich wie ein

Hahnenkampf zwischen Schröder und Lafontaine aus. Es gibt Streit um die Geldpolitik der Bundesbank, um die Ökosteuer, um Benzinpreise, um Steuerentlastung für Unternehmen. Lafontaine fühlt sich von Schröder übergangen, zum Beispiel durch das Veto gegen seinen Plan, bei der Ökosteuer keine Ausnahmen für Unternehmen zuzulassen.

Am 10. März 1999 tritt Lafontaine als Finanzminister zurück, er gibt auch sein Bundestagsmandat ab und verzichtet auf den SPD-Parteivorsitz. Vorausgegangen war eine Kabinettssitzung, in der Schröder aus der Haut gefahren war und gegen eine Politik gepoltert hatte, die man als »wirtschaftsfeindlich« abstempeln könne. Das sei, so eine von Schröders Lieblingsformeln, »mit mir nicht zu machen«.[5] Das wird wohl der Anlass für Lafontaines Entscheidung gewesen sein. Effekt: Schon nach fünf Monaten Regierungszeit musste Kanzler Schröder sein Kabinett umbilden. Man darf das einen Fehlstart nennen.

Die Koalition blieb in schwierigem Fahrwasser. Bis zum November 1999 sanken die Werte der SPD bei der »Sonntagsfrage« auf 30 Prozent, die der Union stiegen auf 49. Die Landtagswahl in Hessen im Februar 99 ging verloren, was dazu führte, dass von nun an die Union die Mehrheit im Bundesrat hatte. Im September kam die CDU auch im Saarland ans Ruder, und bei den Kommunalwahlen in Nordrhein-Westfalen verlor die SPD zahlreiche Hochburgen und stürzte auf 33,9 Prozent ab. Aber schon im November 99 kehrte sich der Trend um. Grund: Der Spendenskandal der CDU, der monatelang die öffentliche Diskussion beherrschte.

Das ist überhaupt ein Phänomen der ersten Amtsperiode der Regierung Schröder: die ungewöhnlich häufigen Stimmungswechsel.[6] »Stimmungstiefs« in der Mitte der Legislaturperiode sind die Regel, aber die »hektischen Wechsel zwischen Zustimmung und Ablehnung der Regierungspolitik«[7] sind neu. Ein

Grund dafür ist die Unsicherheit angesichts sinkenden Wirtschafswachstums, anhaltend hoher Arbeitslosigkeit und sinkender Steuereinnahmen für die öffentlichen Haushalte. Dazu kommen Affären wie der CDU-Spendenskandal, der Skandal um die Rinderseuche BSE und schließlich internationale Krisen wie der Kosovokrieg.

Die deutsche Beteiligung am Kosovokrieg zum Beispiel führte zwar zu Auseinandersetzungen in Teilen von SPD und Grünen, brachte Kanzler Schröder aber Pluspunkte beim Publikum. Aus dem Umfragetief des Jahres 1999 erholte sich die SPD bis zum Frühjahr 2000 so weit, dass sie wieder bei fast 43 Prozent Zustimmung lag, während die Union abschmierte. Und es ging weiter aufwärts. Die Landtagswahlen in Schleswig-Holstein und NRW gingen an Rot-Grün, und im Juli 2000 gelang es der Regierung Schröder, ihre Steuerreform durch Bundestag und Bundesrat zu bringen.

Auch im Jahr 2001 liegt die Regierungskoalition in Umfragen meist vor der Union, und auch die Wahlen dieses Jahres gehen insgesamt positiv für Rot-Grün aus. Die Terroranschläge vom 11. September 2001 sorgen dann wieder für neue Verunsicherung. Schröder verspricht US-Präsident Bush uneingeschränkte Solidarität,[8] was zu einiger Unruhe in der eigenen Partei und vor allem bei den Grünen führt. Schröder greift daraufhin zu einem Mittel, das schon Willy Brandt und Helmut Schmidt angewandt hatten: Er stellt am 16. März 2002 im Bundestag die Vertrauensfrage, gekoppelt an die Abstimmung über die Beteiligung der Bundeswehr am Einsatz in Afghanistan. 336 Abgeordnete stimmten dafür. »Eine klare Mehrheit der Regierungskoalition«, schreibt Schröder.[9]

Das kann man auch anders sehen. Drei Stimmen weniger, und Schröders Regierung wäre am Ende gewesen. Vier Grüne und eine SPD-Abgeordnete stimmten gegen den Einsatz, die gesamte Opposition sowieso. Schröder hatte hoch gepokert und knapp gewonnen. »Doch wie gefährdet diese Mehrheit war«, schreibt Schröder, »lässt sich an den 77 persönlichen Erklärungen von SPD- und Grünen-Mitgliedern ablesen, die nachgereicht wurden.«[10]

Jedenfalls hatte sich das Stimmungsbild über die Jahreswende wieder geändert: Die Union ist Anfang 2002 gleichauf mit der SPD, und die FDP liegt vor den Grünen. Der Trend verstärkt sich, nachdem Edmund Stoiber zum Kanzlerkandidaten der Union ausgerufen worden war. »Im Mai schien sich ein Erdrutsch zulasten der Bundesregierung anzudeuten«.[11] Aber schon im Juni deutet sich der nächste Trendwechsel an: Die Regierungsparteien holen auf, die Entlassung von Minister Scharping und der Rücktritt von Telekom-Chef Sommer im Juli kommen Schröder zugute.

Als Schröder sich Anfang August 2002 gegen eine deutsche Beteiligung am US-Krieg gegen den Irak ausspricht, hat er die Mehrheit der Bevölkerung wieder hinter sich. Und der Einsatz der Bundesregierung in der Hochwasserkatastrophe in Bayern, Brandenburg, Sachsen und Sachsen-Anhalt erhöht die Zustimmung noch einmal. Stoibers Wahlmanager Michael Spreng sprach später von einer »Schlussemotionalisierung«, die die Wahl innerhalb von vierzehn Tagen zugunsten der Regierung entschieden hätte.[12] Unmittelbar vor dem Wahltag am 22. September 2002 lagen SPD und Union jedenfalls gleichauf. Und so kam es dann auch: Jeweils 38,5 Prozent für die beiden Lager. Ein unerwartet gutes Ergebnis der Grünen (8,6 Prozent) sicherte die Weiterführung der rot-grünen Koalition.

Gerhard Schröder ist also zum zweiten Mal »ordentlich« zum Bundeskanzler gewählt. Was sein Herausforderer Stoiber zunächst nicht wahrhaben will. Ein Kuriosum: Hier wiederholt sich die Geschichte von Kurt Georg Kiesinger. Auch Stoiber ruft sich am Wahlabend zum Sieger aus und muss noch im Laufe des Abends feststellen, dass er sich zu früh gefreut hat, weil er den Hochrechnungen zu sehr vertraute.

Geholfen hat der Wahlsieg der rot-grünen Koalition aber nicht. »Das Auf und Ab der Parteien ging vielmehr ohne Pause weiter und äußerte sich zunächst in einem monatelangen Abstieg der SPD bei Umfragen und Landtagswahlen.«[13] Während die Werte der Grünen durchweg stabil blieben. Die Landtagswahlen des Jahres 2003 wurden zu einem Desaster für die Sozialdemokraten. Sie fielen in Niedersachsen auf 33,4 Prozent, in Hessen auf 29,1, in Bayern auf 19,6 Prozent. Nur in Bremen konnte sich die SPD behaupten.

Der Grund dafür liegt auf der Hand: die »Agenda 2010«, von Schröder und seinen Mitstreitern als Befreiungsschlag gedacht. Zwar billigt der Parteivorstand das Konzept am 14. März 2003 – nachdem Schröder mit Rücktritt gedroht hatte. Aber aus allen möglichen Ecken kommt heftige Kritik: vom DGB, von der IG-Metall, von der eigenen Partei. Immerhin: Auf einem Sonderparteitag am 1. Juni stimmen 90 Prozent der Delegierten den wesentlichen Punkten der Agenda zu. Das relativiert ein wenig die Kritik, Schröder habe die Agenda im Alleingang durchgesetzt. Richtig ist allerdings, dass Schröder die Partei vor vollendete Tatsachen gestellt, sie nicht vorher einbezogen und auch nachher nicht wirklich kommuniziert hat, was ihm wichtig war. Es war die »Friss-oder-stirb-Methode«, die ihm die Partei übel genommen hat.

EIN KANZLER WÄHLT SICH AB

Die Folgen sind entsprechend. »Die SPD hat seit dem Beschluss der Agenda 2010 bei allen Landtagswahlen und der Europawahl Stimmen verloren – in vielen Fällen sogar die Regierungsbeteiligung in den Ländern. Das war ein hoher Preis für die Durchsetzung der Reformen.«[14] So äußert sich Gerhard Schröder am 1. Juli 2005 im Bundestag.

Vor allem die verlorene Landtagswahl in Nordrhein-Westfalen hat den Sozialdemokraten wehgetan und zu heftigen Auseinandersetzungen in Partei und Fraktion und auch bei Schröders Koalitionspartner geführt. Seine Konsequenz: Er stellt abermals die Vertrauensfrage.

Sein zweiter Punkt: Die »destruktive Blockadehaltung« der Union im Bundesrat. »In der laufenden Wahlperiode hat die Bundesratsmehrheit in 29 Fällen Einspruch gegen das entsprechende Gesetz eingelegt. Das, meine Damen und Herren, ist fast so häufig wie in den ersten zwölf Wahlperioden der Jahre 1949 bis 1994 zusammen.«[15] Den Zwang zu ständigen Konzessionen, der diese »machtversessene Parteipolitik« mit sich bringe, könne er der Regierung und den sie tragenden Fraktionen nicht mehr zumuten.

Das Problem ist nun: Er stellt die Vertrauensfrage nicht, um eine Bekundung des Vertrauens einzuholen, also nicht, um die Koalition zu stärken oder zu disziplinieren, sondern um Neuwahlen herbeizuführen. Das ist ein offensichtlicher Missbrauch dieses Instruments, genau der Taschenspielertrick, den schon Willy Brandt 1972 und Helmut Kohl 1982 angewendet hatten, um die Auflösung des Bundestags zu erreichen. Dass das Bundesverfassungsgericht dieses Spiel mit der Verfassung hat durchgehen lassen, halte ich für fatal.

Schon bei Brandts »unechter« Vertrauensfrage 1972 hatten

Verfassungsrechtler und Parteimitglieder große Bedenken gehabt. Eine Vertrauensfrage, die gar nicht nach dem Vertrauen fragt, sondern durch Abstimmungstricks (die eigenen Leute bleiben fern oder enthalten sich) absichtlich verloren werden soll, entspricht eindeutig nicht dem Geist des Grundgesetzes. So wurde schon damals argumentiert. Freilich kann man Brandt zugutehalten, dass er sich dieses Vertrauens tatsächlich nicht sicher sein konnte.

Es gab ein Patt im Bundestag (284 zu 284), nachdem SPD- und FDP-Abgeordnete die Koalition wegen der Brandt'schen Ostpolitik verlassen hatten. Dieses Patt drohte zur Dauerblockade zu werden, denn auch das Misstrauensvotum von Barzel hatte ja keinen Erfolg gehabt. Weder Vertrauen noch Misstrauen waren eindeutig festzustellen. Da kann man schon mal zu einem Trick greifen. »Die eigentliche Vertrauensfrage wird an den Souverän, also an den mündigen Wahlbürger zu richten sein«, hatte Brandt damals erklärt.

Bei Helmut Kohl war das 1982 eindeutig anders. Dieses Mal wurde das Bundesverfassungsgericht angerufen, um die Sache zu klären. Und das urteilte glasklar: Eine unechte Vertrauensfrage ist verfassungswidrig, wenn sie lediglich mit besonderen Schwierigkeiten in der laufenden Wahlperiode begründet wird oder wenn ein Kanzler, der über ein konstruktives Misstrauensvotum ins Amt gekommen ist, durch Neuwahlen eine zusätzliche Legitimität bekommen soll. Also klar: Kohls Vertrauensfrage war verfassungswidrig.

Dieses Urteil hätte erhebliche politische Folgen gehabt, und davor schreckten die Verfassungsrichter offenbar zurück. Also fanden sie einen Weg, sich aus ihrer eindeutigen Haltung wieder herauszuwinden. Kohl musste davon ausgehen, so formulieren sie, »dass aufgrund der außergewöhnlichen Lage, in der sich die Abgeordneten einer Koalitionspartei nach der Beendigung der bisherigen Koalition befanden, eine dauerhafte stabile parlamentarische Mehrheit nicht zustande gebracht werden konnte.«[16] Zu Deutsch: Kohl konnte sich auf die politisch und psychisch labilen Gesellen der FDP nicht verlassen, deshalb musste er die Vertrauensfrage stellen. Da machte es auch nichts, dass Kohl seit dem 1. Oktober 1982 für alle Vorhaben die Mehrheit seiner Koalition bekommen hatte.

Diese sachlich falsche und logisch unsinnige Einschätzung begründen die Richter mit heftiger Kritik von FDP-Mitgliedern am Zustandekommen der »Wende«. Nur handelte es sich hier um Menschen, welche die FDP ohnehin verlassen hatten oder wollten und die mit der Mehrheitsbildung im Bundestag nichts zu tun hatten. Man muss wohl Jurist sein und fernab jeder Wirklichkeitswahrnehmung, um derartige Hirnakrobatik zustande zubringen.

DAS UNGLÜCK HAT 1983 BEGONNEN

Dummerweise ist dieses dumme Urteil rechtsbildend geworden. Das ist nun mal so bei Entscheidungen aus Karlsruhe. Als das Verfassungsgericht 2005 abermals über eine »unechte« Vertrauensfrage entscheiden musste, wurde die Entscheidung von 1983 zugrunde gelegt. Zwar kann in einer neuen Entscheidung eine neue Richtung eingeschlagen werden. Aber die Richter müssen sich mit allen Windungen und Kapriolen des vorigen Urteils beschäftigen und Stück für Stück darlegen, wieso sie zu einer anderen Auffassung kommen. »Das Unglück hat 1983 begonnen«[17], so zitiert die FAZ einen Verfassungsrichter vor der Entscheidung von 2005.

Am Ende zieht sich das Gericht mit dem Argument aus der Affäre, dass es gar nicht beurteilen kann, was es beurteilen soll.

Von außen könne man nur teilweise einschätzen, ob der Kanzler über eine verlässliche parlamentarische Mehrheit verfügt, Zustände und Entwicklungen in den Fraktionen könnten dem Betrachter durchaus verborgen bleiben.

Zwar bleibt das Gericht bei der strengen Vorschrift, dass ein Kanzler die Vertrauensfrage nicht missbrauchen darf, um einen politisch-taktischen Vorteil zu erzielen, ohne dass seine Regierungsmehrheit tatsächlich gefährdet ist. Nur bleibt diese Vorschrift völlig zahnlos, weil gleichzeitig gesagt wird, dass das Gericht nicht überprüfen kann, ob die Einschätzung des Bundeskanzlers richtig ist oder nicht.

Er darf, so die Formulierung, mit einer »auflösungsgerichteten Vertrauensfrage«[18] der Gefahr von Instabilitäten und Krisen zuvorkommen. Ob eine solche Gefahr überhaupt besteht, entscheidet er allein. Er kann sie demnach auch erfinden. Damit weicht das Gericht in einem entscheidenden Punkt von dem Urteil von 1983 ab und sorgt dafür, dass Artikel 68 des Grundgesetzes jeden Sinn verloren hat. Die Vertrauensfrage wird endgültig zu einem Instrument politischer Taktik, zu einem Machtinstrument, »wird aus einem Mittel, das Mehrheiten sichern oder sich ihrer vergewissern soll, ein Instrument der Manipulation und Disziplinierung innerparteilicher und innerfraktioneller Meinungs- und Willensbildung.«[19]

Das war auch einem der beteiligten Verfassungsrichter nicht geheuer. Hans-Joachim Jentsch argumentiert in seinem Sondervotum so: Das Grundgesetz kennt ein konstruktives, aber kein »konstruiertes Misstrauen« des Kanzlers gegenüber dem Parlament. Es gebe keine Anhaltspunkte dafür, dass dem Bundeskanzler keine verlässliche Mehrheit mehr zur Verfügung stehe, Schröder habe solche auch nicht vorbringen können.[20]

Nur weil es politisch eng wird, nur weil es Widerstände in der eigenen Partei gibt, kann man nicht die Auflösung des Parlaments betreiben, um sich eine vermeintlich bessere Ausgangsposition zu verschaffen. Und es ist nicht erlaubt, so Jentsch, mit einer »unechten« Vertrauensfrage parteiinterne Widerstände zu überwinden. Es ist vielmehr der Job von Regierungen, sich schwierigen Aufgaben zu stellen und alle, in erster Linie aber die eigenen Leute, von der Richtigkeit ihrer Politik zu überzeugen. Überdies sieht Jentsch die Gefahr, dass aus der gebotenen Unterstützung des Kanzlers durch die Regierungsfraktionen eine Art »Unterordnung« oder »Gleichschaltung« mit den Vorstellungen des Kanzlers abgeleitet wird.

Das war und ist genau der Dissens, der bis heute in dieser Frage besteht. Schröder argumentiert im Rückblick, dass wegen mangelnder Zustimmung zur Agenda-Politik und Blockade im Bundesrat das Regieren kaum noch möglich gewesen wäre. »Wir hätten nichts mehr wirklich bewegen können.«[21] Er beschwört mit dramatischen Worten das Trommelfeuer der Medien, der Oppositionsparteien, der Wirtschaftsverbände und die damit verbundenen ständigen Zerreißproben, falls er einfach weiterregiert hätte. Nur: Wenn man seine eigene Politik für richtig hält, kann man nicht einfach hinschmeißen, dann muss man da durch.

Schröder meint außerdem, seine Entscheidung sei »staatspolitisch ohne Alternative und notwendig für das Überleben der SPD« gewesen.[22] Letzteres besonders wegen der Gefahr, dass die Linkspartei bei Weiterbestehen der Koalition großen Zulauf bekommen hätte. Ob man allerdings unter obwaltenden Umständen wirklich von einem »Überleben« der SPD sprechen kann, ist mehr als fraglich.

Vor allem aber: Mit seinem Wunsch nach Neuwahlen äußert Schröder zugleich die Bitte, das Volk möge ihn doch abwählen. Denn angesichts der Umfragen konnte er ja nicht annehmen, dass genau die Wähler, die die Leistung seiner Regierung im

Juni 2005 so geringschätzten, ihn im Herbst desselben Jahres wieder zum Kanzler machen würden.

NIEMAND AUSSER MIR

Das schien dem noch amtierenden Bundeskanzler am Abend des 18. September 2005 allerdings unklar zu sein. Obwohl die Zahlen eindeutig waren. 35,2 Prozent für die Union, 34,2 für die SPD – das war knapp, aber Mehrheit ist Mehrheit, das wissen wir nicht erst seit Konrad Adenauer. Wie das in der »Berliner Runde« an diesem Abend kommuniziert wurde, ist nicht nur ein Stück Fernsehgeschichte, sondern auch ein Lehrstück für die Kapriolen der politischen Wahrnehmung, wenn sie durch den Parteiblickwinkel getrübt, verkürzt, verzerrt wird.

Angela Merkel hatte gewonnen, weil sie ein knappes Prozentpünktchen vor Schröder lag, auch wenn sie um rund zehn Prozent hinter den Erwartungen zurückblieb. Und weil Rot-Grün abgedankt hatte. Gerhard Schröder aber sah sich als Sieger, weil Schwarz-Gelb nicht möglich war. Dass er das schlechteste SPD-Ergebnis seit 1957 eingefahren hatte – ihn störte es nicht. »Verglichen mit dem, was in dieser Republik geschrieben und gesendet worden ist, gibt es einen eindeutigen Verlierer, und das ist nun wirklich Frau Merkel«, meinte Schröder. Woraufhin Frau Merkel mit Recht entgegnete, »dass den Regierungsauftrag nur derjenige hat, der die stärkste Fraktion stellt.« Aber Gerhard Schröder scheint an diesem Abend die Verfassung neu erfunden zu haben. Das Ergebnis zeige eindeutig, »dass niemand außer mir in der Lage ist, eine stabile Regierung zu stellen, niemand außer mir.« Niemand außer ihm sah das so.

Ohne Zweifel wäre auch eine Koalition von SPD, FDP und Grünen möglich gewesen. Rechnerisch, aber nicht politisch.

Genau wie eine von Union, FDP und Grünen. Oder eine rot-rot-grüne Koalition. Aber das alles war im Jahre 2005 nicht wirklich denkbar. Also kam nur eine große Koalition infrage. Für Schröder undenkbar. Frau Merkel werde keine Koalition mit der SPD »hinkriegen«. »Glauben Sie im Ernst, dass meine Partei auf ein Gesprächsangebot von Frau Merkel bei dieser Sachlage einginge, indem sie sagt, sie möchte Bundeskanzlerin werden?« Nun ja, das glaubten außer ihm alle im Ernst.

Es ist viel spekuliert worden, ob Schröder nur unter dem Einfluss von Testosteron und Adrenalin oder auch von Genuss- und Rauschmitteln gestanden habe. Wahrscheinlicher ist die Version, die aus dem Fernsehstudio zu hören war. Da soll nämlich ZDF-Moderator Nikolaus Brender an Schröder vorbei auf Angela Merkel zugegangen sein und sie mit »Frau Kanzlerin« angesprochen und Schröder erst nach der Maske mit »Guten Abend, Herr Schröder« begrüßt haben. Und als Brender ihn in der Sendung mit »Herr Bundeskanzler« ansprach, entgegnete Schröder: »Ist ja schön, dass Sie mich so ansprechen.« Und: »Das bleib ich auch, Herr Brender, auch wenn Sie dagegen arbeiten.« Damit war der Ton gesetzt, und so kam es zu einer der denkwürdigsten »Elefantenrunden« in der Geschichte des deutschen Fernsehens.

In der SPD tat man kurz so, als nähme man Schröders Auftritt ernst. Johannes Kahrs, treuer Gefolgsmann Schröders und Sprecher des konservativen »Seeheimer Kreises«, schlug die »israelische Lösung« vor. »Zwei Jahre Schröder, zwei Jahre Merkel«. Aber mehr als einen kurzen Lacherfolg konnte er damit nicht verbuchen. Und Gerhard Schröder tröstet sich mit dem Hinweis, das sei ja inzwischen eine »Kultsendung«, wenn er heute auf den Wahlabend von damals angesprochen wird.

1944	Am 7. April geboren in Mössenberg-Wöhren
1963	SPD-Mitglied
1966	Nach dem Abitur Studium der Rechtswissenschaften in Göttingen
1976	Rechtsanwalt in Hannover
1978-1980	Bundesvorsitzender der Jungsozialisten
1979-	Mitglied des SPD-Parteirats
1980-1986	Mitglied des Bundestages
1990-1998	Ministerpräsident Niedersachsens
1994-1998	SPD-Landesvorsitzender Niedersachsen
1998-2005	Bundeskanzler
1999-2004	SPD-Bundesvorsitzender
2005	Schröder stellt im Bundestag die Vertrauensfrage, bekommt erwartungsgemäß keine Mehrheit und unterliegt bei der folgenden Bundestagswahl
2005	Wieder als Rechtsanwalt in Hannover, Vorsitzender des Aktionärsausschusses der Nordstream AG und Aufsichtsratsvorsitzender des Energiekonzerns Rosneft

CHRONISCH UNTERSCHÄTZT – ANGELA MERKEL

Wie knapp die Wahl auch ausgegangen war und wie enttäuschend das Ergebnis für Angela Merkel und die Union auch gewesen sein mochte – sie hatte es geschafft, und zwar im ersten Anlauf. Was für ihr großes Vorbild Helmut Kohl nicht zutrifft. Dass sie überhaupt Kanzlerkandidatin werden konnte, ist im wesentlichen Ergebnis des Parteispendenskandals und der Unfähigkeit der CDU, damit einigermaßen professionell umzugehen. Der Weg dahin war bemerkenswert, eine Parteikarriere wie im Zeitraffer. Als Mitglied des »Demokratischen Aufbruchs« wurde sie nach der letzten DDR-Volkskammerwahl im März 1990 stellvertretende Regierungssprecherin, und als der »Aufbruch« wegen grandioser Erfolglosigkeit im August 1990 mit der CDU fusionierte, war sie automatisch CDU-Mitglied. Bei der Parteikarriere war zunächst Günther Krause behilflich, CDU-Vorsitzender in Mecklenburg-Vorpommern, später Bundesverkehrsminister. Er verhalf ihr zu einem Direktmandat, und so kam sie im Dezember in den Bundestag.

Dann übernahm Helmut Kohl, der sie schon beim Einigungsparteitag kennengelernt und im Oktober zur Ministerialrätin im Bundespresseamt gemacht hatte. Sie wurde Ministerin für Frauen und Jugend, stellvertretende Parteivorsitzende, Landesvorsitzende in Mecklenburg-Vorpommern[1] und 1994 Bundesumweltministerin. Ein rasanter Aufstieg, der ihr ihren ersten Spitznamen einbrachte: »Doppeltes Quotchen«. Weil sie eine Frau und aus dem Osten ist.

Der zweite Spitzname: »Kohls Mädchen«. So hieß sie lange Zeit, nicht nur weil der damalige Bundeskanzler in seiner Bräsigkeit sie tatsächlich so nannte,[2] sondern weil sie sich auch so aufführte. »Alles, was ich bin, bin ich durch Helmut Kohl«, hatte sie nach dem Desaster bei der Bundestagswahl 1998 erklärt und damit signalisiert, dass sie sich an der Demontage des Ehrenvorsitzenden nicht beteiligen wolle. Diese Loyalität wusste wohl auch der neue CDU-Vorsitzende Wolfgang Schäuble zu schätzen, der Angela Merkel im November 1998 als Generalsekretärin der Partei vorschlug.

Unter Helmut Kohls Ägide ist sie jedenfalls nicht besonders aufgefallen, sie hat kaum politische Spuren hinterlassen. Als Frauenministerin hat sie brav das getan, was von ihr erwartet worden war, hat beim § 218 nicht gegen die Parteiräson aufgemuckt, hat das Gleichstellungsgesetz so butterweich formuliert, dass die Patriarchen nicht nervös werden mussten. Nur einmal ist sie aufgefallen, als sie gegen das Frauenquorum war, das Helmut Kohl und Generalsekretär Peter Hintze in der CDU durchgepaukt hatten.

Als Umweltministerin hat sie sich durch Bienenfleiß und schnell erworbene Kompetenz Respekt bei Freund und Feind erworben. Hat aber auch gezeigt, dass Hartnäckigkeit zur Halsstarrigkeit werden kann. Ihre ideologische Verbohrtheit in Sachen Atomenergie, ihr missionarischer Eifer beim Durchboxen etwa von atomrechtlichen Weisungen an die Bundesländer oder der Castor-Transporte hat letztlich dazu geführt, dass sie die Blamierte war, als sich herausstellte, wie die Atomlobby mit Sicherheitsproblemen umgeht.

Allerdings hat sie auch zweimal versucht, sich gegen Kohl zu behaupten. Einmal – 1994 – mit einem Vorschlag zu einer

CO^2-Abgabe, einer frühen Variante der Ökosteuer. Da wurde sie vom Chef öffentlich derart abgemeiert, dass selbst ihre Gegner Mitleid hatten. Und als sie ihre Vorstellungen zur Ozonverordnung im Kabinett vortrug, muss Kohl sein Mädchen so niedergemacht haben, dass sie in Tränen aus-gebrochen sein soll. Die Pressekonferenz zu diesem Thema musste abgesagt werden.

Vor allem aber: Angela Merkel hat über den Umweltbereich hinaus in politischen Debatten nie eine Rolle gespielt. In der »Rote-Socken«-Kampagne von Generalsekretär Peter Hintze 1994 gegen das »Magdeburger Modell« – eine SPD-Minderheitsregierung, toleriert von der PDS – hat sie sich differenziert geäußert, hat immer dafür plädiert, SED- und PDS-Wähler nicht pauschal zu diffamieren, sie hielt schwarz-grüne Bündnisse auf Länderebene für möglich – und das war's dann auch. Als Strategin, politische Denkerin, gar Vordenkerin ist sie nie aufgefallen. So eine hätte Wolfgang Schäuble wohl auch nicht haben wollen.

Er erklärte sein Eintreten für Angela Merkel so: Nicht weil sie eine Frau und aus dem Osten ist, habe er sie zur Generalsekretärin vorgeschlagen, »sondern weil sie gut ist«. Was immer er damit meinte, an Lob und Wertschätzung für die Senkrechtstarterin Merkel hat es in der Union von Anfang an nie gefehlt. Wenn das Lob auch meistens wie mit gezogener Handbremse wirkte. »Nüchtern, pragmatisch, solide, analytisch, hart, zäh, ausdauernd« – das sind die Eigenschaften, die Freund und Feind ihr bis heute attestieren. »Aufrecht, wacker, integer, loyal« wird sie auch gerne genannt, wobei nicht immer klar ist, ob diese Einschätzungen als Kompliment gelten sollen. Selbstsicher ist sie ohne Zweifel, gelegentlich auch schlagfertig. Wer die Dame nicht mag, nennt sie »bieder, hölzern, spröde«. Was auch zutrifft: ihre Selbsteinschätzung. »Ich bin beharrlich, ich bin nicht dumm, und ich traue mir auch was zu.« Das mag minimalistisch klingen, passt aber.

Aus einem Sammelsurium an Gründen wurde Angela Merkel von Anfang an maßlos unterschätzt. Das zeigte sich zum ersten Mal, als im Herbst 1999 die CDU-Parteispendenaffäre und Kohls Anteil daran öffentlich wurde. Am 16. Dezember gab Kohl zu, Millionenspenden entgegengenommen und damit gegen das Parteispendengesetz verstoßen zu haben. Die Geldgeber wollte er nicht nennen.

Merkels Reaktion: Ohne Absprache mit dem Vorsitzenden Schäuble schrieb sie in der FAZ, dass es jetzt mal gut sei mit dem Ehrenvorsitzenden, die Partei müsse jetzt laufen lernen und sich zutrauen, »in Zukunft auch ohne ihr altes Schlachtross, wie Helmut Kohl sich oft selbst gerne genannt hat, den Kampf mit dem politischen Gegner aufzunehmen. Sie muss sich wie jemand in der Pubertät von zu Hause lösen, eigene Wege gehen.«[3]

Merkel stürzt Kohl – damit hatte niemand gerechnet. Schäuble erwägt, Merkel zu entlassen, aber er sieht damit nur neue Probleme aufkommen. Kohl-Vertraute nennen sie »Vatermörderin«, und einige glauben, Merkel habe Schäubles politischen Untergang einkalkuliert, zumal sie damals wusste, wie stark auch Schäuble in die Affäre verwickelt war.

Anfang 2000 tritt Schäuble als Partei- und Fraktionsvorsitzender zurück, im April wird Angela Merkel CDU-Vorsitzende. Zehn Jahre vom Eintritt in die Partei zum Vorsitz – eine historisch einmalige Leistung.

AUF DEM WEG ZUR KANZLERIN

Und damit war der Weg frei zur Kanzlerkandidatur 2002. Wäre frei gewesen, wenn die Parteifreunde nicht gewesen wären. Denn nach der üblichen Anfangseuphorie kam schon bald Ernüchterung. Niemand konnte so recht erkennen, wofür sie steht. Soziale Marktwirtschaft, ja sicher, christliches Menschenbild, klar – sie hatte die nötigsten Vokabeln für eine christdemokratische Spitzenpolitikerin schnell gelernt. Es ist aber kaum davon auszugehen, dass sie sich genauso schnell tiefere Kenntnisse über Geschichte und Entwicklung zum Beispiel des Begriffs soziale Marktwirtschaft aneignen konnte. Ein gutes Jahr nach ihrer Wahl wurde sie bereits »Vorsitzende ohne Fortune«[4] genannt. Und im Wahlkampf 2002 erklärte Jörg Schönbohm, damals Mitglied im CDU-Präsidium und Innenminister von Brandenburg: »Wir dürfen das konservative Tafelsilber nicht verscheuern.«[5] Das bezog sich vor allem darauf, dass Angela Merkel mit Themen wie Umweltschutz und Menschenrechte die Wähler in den Großstädten erreichen wollte. »Wenn die CDU linksliberale Themen besetzt, werden sich konservative Wähler andere Vertreter suchen«, warnte Schönbohm.[6]

So ist es dann ja auch gekommen, und zwar viel massiver, als Kritiker wie Schönbohm sich das haben alpträumen lassen. Positionen, die einmal als selbstverständlich galten, wurden im Laufe der Merkel-Jahre mehr oder weniger mühelos geräumt. Ein besonders schönes Beispiel: Als Angela Merkel in die Politik ging, galt die Betreuung von Kleinkindern in Krippen und Tagesstätten noch als sozialistisches Teufelswerk. Immer nach dem Motto: »Die Kinder gehören den Eltern und nicht dem Staat.« Von dieser vermeintlich uneinnehmbaren familienpolitischen Festung ist gerade noch das Betreuungsgeld geblieben.

Andere Positionen wurden schneller aufgegeben. Wehrpflicht, Hauptschule, Mindestlohn, Rente mit 63: Es gibt keine Bastion, für die Angela Merkel kämpft, wenn sie meint, damit keine Wählerstimmen mehr gewinnen zu können. Dann entscheidet sie auch gegen eigene Überzeugungen. Beispiel Gleichstellung von schwulen und lesbischen Lebensgemeinschaften, kurz: Homo-Ehe. Ein Thema, das sie nicht mag und das sie sich lange Zeit vom Leib hält.

Bei einer Wahlkampf-Veranstaltung 2013 zum Adoptionsrecht für homosexuelle Paare erklärte sie: »Ich tu mich einfach schwer damit, besonders unter dem Aspekt des Kindeswohls.« Das Raunen im Publikum quittierte sie so: »Ich mag ja jetzt auch manch einem veraltet daherkommen, das muss ich jetzt einfach aushalten.« Im Juni 2017, wiederum Wahlkampf, kam ein halber Schwenk: Jeder solle in dieser Frage seinem Gewissen folgen, verkündete sie vor einer Abstimmung im Bundestag. Damit verprellte sie konservative Wähler und Parteimitglieder nicht allzu sehr und nahm gleichzeitig SPD und Grünen den Wind aus den Segeln, denen dieses Thema im Wahlkampf unversehens zu einem Topthema geworden war.

Die CDU-Chefin räumt Positionen und wechselt Überzeugungen wie andere die Socken. Das ist der Vorwurf aus konservativen Kreisen. Die Feststellung stimmt, aber der Vorwurf wäre nur berechtigt, wenn man bei Angela Merkel schon mal Positionen und Überzeugungen hätte diagnostizieren können. Das fällt selbst ihren engsten politischen Freunden schwer. Was freilich nicht nur an Angela Merkel liegt. Sie ist nicht der Kern des Problems, aber dessen prägnantester Ausdruck.

Eine gewisse Schwammigkeit ist dem Konservativismus der Union gleichsam in die Wiege gelegt. Dieser Konservativismus hat keinen begrifflichen Kern, er ist immer nur Abwehr von etwas, was gerade droht: Liberalismus, Sozialismus, Demokratie,

Revolution, eben alles, was das Bestehende gefährdet. Natürlich gibt es einen philosophischen Konservativismus – der aber den parteipolitischen nie erreicht hat. Da heißt konservativ lediglich »Bewahren, was ist«. Gleichgültig, was das gerade ist. Es ist das Normale, das Gesunde, das Vernünftige, das, was naturgemäß in der gesellschaftlichen Mitte zu Hause ist. Eine weitere gedankliche Verankerung glaubte dieser Konservativismus nie nötig zu haben. Wozu ein konservatives Programm, wo der »gesunde Menschenverstand« doch weiß, was gut und richtig ist. Nämlich das, was irgendwann tradiert wurde. Will sagen: Der Unions-Konservativismus ist nichts weiter als ein ziemlich gedankenloser Traditionalismus.

Und das rächt sich dann, wenn gesellschaftspolitische Vorstellungen insgesamt zur vermeintlichen »Mitte« tendieren. Wenn auch traditionalistisch orientierten Menschen die überkommenen Vorstellungen nicht mehr einleuchten. Nur weil sie tradiert sind. Dann muss eine pragmatisch-machtpolitisch ausgerichtete Parteiführung sich nach der Decke strecken, muss sich dahin orientieren, wo die gesellschaftspolitischen Mehrheiten vermutet werden.

Und so hat sich die Hoffnung auf Erneuerung, die in Teilen der CDU mit der Wahl Merkels verbunden war, schnell verflüchtigt. Dass Politik für Angela Merkel in erster Linie Machtpolitik ist und weniger inhaltliche Orientierung, hatte sich schon im Wahljahr 2002 herumgesprochen.

Dies allein aber hätte ihre Kanzlerkandidatur nicht verhindern können. Einflussreiche Kräfte in der Parteiführung – Ministerpräsidenten und Landesvorsitzende wie Erwin Teufel und Bernhard Vogel – wollten das aber verhindern. Als Angela Merkel CDU-Vorsitzende wurde, war sie mit einer Männergesellschaft konfrontiert, die davon überzeugt war, dass sie nur eine Zwischenlösung sein konnte. Sie sollte nach dem Spendenskandal für Ruhe und Ordnung sorgen, danach würde einer von ihnen kommen.

Genauso sahen das die Herren des sogenannten Andenpakts. Der Andenpakt war eher eine Art Schnapsidee. 1979 gegründet von hoffnungsvollen Jung-Unionisten auf einer Südamerika-Reise, im Flugzeug über den Anden nach dem Genuss von reichlich Cognac. Vereinsziel: Wir wollen immer zueinanderstehen, nie gegeneinander agieren und vor allem irgendwann einmal die Macht in der CDU und in Deutschland übernehmen. Roland Koch, Günter Oettinger, Christian Wulff, Christoph Böhr, Friedbert Pflüger, Wulf Schönbohm, Peter Müller, Ole von Beust, Volker Bouffier und einige andere – sie alle dachten: Lass sie nur machen. Wenn sie sich beim Wegräumen der Scherben des Spendenskandals verschlissen hat, dann kommen wir. Die geborenen Vorsitzenden. Und einer von uns löst das Provisoriums-Mädchen ab. Sie hat doch keine Hausmacht, sie hat kein Netzwerk, sie hat keine Erfahrung – was für ein armes Kräutlein.

Selten haben Jungs ihre eigene Kraft so überschätzt. Und eine Gegnerin unterschätzt. Was ihnen wohl nicht klar war: Solange Helmut Kohl noch da war, hat Angela Merkel kräftig bei ihm abgeschaut. Wenn's Ärger in der Koalition gab, hat Kohl den erst mal laufen lassen. Hat die Kontrahenten fast schon belustigt machen lassen, hat zugeschaut, abgewartet, und wenn sich ein Trend herausbildete, hat er sich schnell an die Spitze der Bewegung gesetzt. Das war die Methode Kohl, und sie wurde zur Methode Merkel.

Politik ist Machtpolitik, das hat Angela Merkel schneller gelernt als alles andere. Mach andere von dir abhängig, verteile Posten und Einflussbereiche, halte die Regionalfürsten klein, vertraue nur allerengsten Vertrauten – und vor allem halte dich aus großen Debatten heraus. Familienpolitik, Sozialpolitik, innere Sicherheit, Bundeswehr – immer schön die anderen machen lassen. Wenn's funktioniert, gehört der Applaus der Chefin, wenn nicht, kriegen die anderen die faulen Tomaten ab. Eine perfekte Arbeitsteilung. Sie hat ihre Kontrahenten – ob mit Pakt oder ohne – ausgesessen, weggelobt, ausgetrickst, weggebissen. »Leichen pflastern ihren Weg« – das wurde bald zum geflügelten Wort für Angela Merkels Karriere.

2002 allerdings schien es zunächst so, als hätten Merkels Widersacher gesiegt. Nicht die CDU-Vorsitzende wurde Kanzlerkandidatin, sondern der von den Granden in der Parteiführung favorisierte CSU-Vorsitzende Edmund Stoiber. Die Entscheidung sollte bei einer CDU-Klausur in Magdeburg am 11. Januar 2002 fallen. Eine Niederlage Merkels galt als ausgemacht, und danach wäre auch die Debatte um den Parteivorsitz mit Macht losgegangen. Also traf sie sich am Morgen desselben Tages mit Stoiber in dessen Haus in Wolfratshausen und erklärte ihren Verzicht auf die Kandidatur. Wobei es so aussah, als sei sie zu Stoiber gepilgert, um sich überzeugen zu lassen, nicht selbst anzutreten. Vielleicht wollte sie es ja selbst so aussehen lassen.

Tatsächlich hat sie die Lage wohl machtpolitisch richtig eingeschätzt. Denn im Ergebnis war das »Wolfratshauser Frühstück« keine Niederlage, »weil das die einzige Möglichkeit war, wie sie als klare Analytikerin selbst erkannt hatte, um sich die Option für 2005 offenzuhalten«, so Karl Feldmeyer, langjähriger Bonner und Berliner Korrespondent der FAZ.[7]

Am Ende hatte sie zwei Kontrahenten auf einen Schlag aus dem Wege geräumt. Stoiber wurde 2002 nicht Kanzler und war damit von der bundespolitischen Bildfläche verschwunden. Merkel hatte mit ihm aber einen wunderbaren Kuhhandel abgeschlossen: Ihren Verzicht auf die Kandidatur ließ sie sich mit der Zusage »versilbern«, dass die CSU ihren Griff nach dem Fraktionsvorsitz unterstützen würde. Das Amt hatte zu der Zeit

Friedrich Merz inne, der musste weichen, und Angela Merkel hatte sich neben dem Parteivorsitz eine weitere Machtposition gesichert. Schon damals kursierte in der Union ein weiterer Spitzname:»Stehauf-Frauchen«.

In den nächsten Jahren baut Angela Merkel ihre Hausmacht aus. Wobei »Hausmacht« in ihrem Falle nicht heißt, dass sie sich auf einen starken Landesverband stützen kann. Sie hat schon vor ihrer Wahl zur Parteivorsitzenden in einer Serie von Regionalkonferenzen den Kontakt zur Basis gesucht – nicht zu Funktionären, nicht zu Landes- oder Kreisvorsitzenden, sondern wirklich zu den einfachen Mitgliedern. Die Parteibasis ist ihre Hausmacht.

Und mit der im Rücken nimmt sie es dann auch mit den Parteigranden auf. Ein Schlüsselereignis: die Wahl des Bundespräsidenten 2004. Wolfgang Schäuble sollte Nachfolger von Johannes Rau werden. Zumindest hatte Schäuble sich das gewünscht, wichtige Unionspolitiker wie Roland Koch, Friedrich Merz und Edmund Stoiber waren auch dafür. Die bekannten Gegenspieler von Angela Merkel. Sie hat sie alle ausgetrickst, indem sie ihren Favoriten Horst Köhler durchgesetzt und damit gezeigt hat, dass an ihr in der Partei kein Weg mehr vorbei geht. Denn es heißt schon was, einen wie Schäuble kaltzustellen.

Angela Merkel ist sehr schnell mächtig geworden. Sie zieht die Strippen, sie taktiert, sie manipuliert – langjährige Beobachter wie Karl Feldmeyer sind fasziniert:»Die Art und Weise, wie sie die Bundespräsidentenwahl gemanagt hat, war wirklich eine selten zu beobachtende Glanzleistung taktisch richtigen, geschickten, machtbewussten, logischen, schlüssigen Verhaltens. Wirklich also: handwerklich brillant.«[8]

Nach fünf Jahren Parteivorsitz ist es dann so weit: Angela Merkel wird Kanzlerkandidatin für die Bundestagswahl 2005.

Und sie gewinnt, wenn auch äußerst knapp, und bildet genau die Koalition mit der SPD, die Gerhard Schröder für unmöglich erklärt hatte. Die Frau, die mächtige Männer in der Union von Anfang an für eine Übergangslösung gehalten hatten, war Bundeskanzlerin. Und sie blieb es für 16 Jahre. Länger als Konrad Adenauer. Und sollte die Regierungsbildung 2021 bis zum 19. Dezember dauern, würde sie mit 16 Jahren und 27 Tagen Regierungszeit auch Helmut Kohl geschlagen haben: um einen Tag.

VOM MÄDCHEN ZUR MUTTI

Als Kanzlerin wurde sie dann im Laufe der Jahre vom »Mädchen« zur »Mutti«, nachdem sie zwischenzeitlich eine Weile als »Angie« bejubelt wurde. Aber das hielt nicht lange. »Mutti« war nicht nett gemeint, sondern eher die Fortsetzung des zweifelhaften Ehrentitels »Mädchen«. Er war Ausdruck jener Alte-Herren-Jovialität von Unions-Veteranen, die an Frauen vorzugsweise Altbackenes jung und frisch finden und dann von »Mädel« oder »Mädchen« reden. Dahinter steckte auch die freundliche Herablassung der Westler gegenüber der »Kleinen aus dem Osten« – tüchtig, tapfer, sehr bemüht, viel mehr auch nicht.

Der Spitzname »Mutti« war von Anfang an abfällig gemeint. Michael Fuchs, als CDU-Fraktionsvize für den Bereich Wirtschaft zuständig, soll ihn erfunden haben. Er gehört zu den Merkel-Skeptikern, vor allem bei Themen wie Griechenland- und Eurokrise oder bei der Entscheidung für eine Kaufprämie für Elektroautos. Auch Michael Glos, früher Bundeswirtschaftsminister, wird als Urheber des Kosenamens genannt. Wann immer er politische Vorschläge machte, vor allem im Zusammenhang mit der Finanzmarktkrise, wurde er von seiner Kanzlerin zurückgepfiffen. Schließlich gab er sein Amt resigniert auf – vor der Bundestagswahl 2009. Sie habe ihn bewusst missachtet und in der CDU den Eindruck vermittelt, er habe von vielen Dingen keine Ahnung, erklärte er später in der CSU-Landesgruppe.

Vor allem in der CSU ist »Mutti« meist spöttisch gemeint. »Ich bin ein loyaler, treuer, harmonischer, dem Streit entzogener Zögling der Kanzlerin«, sprach der damalige CSU-Vorsitzende Seehofer beim politischen Aschermittwoch 2011, und weil der damalige FDP-Vorsitzende Westerwelle zu diesem Anlass auch in Bayern weilte, meinte Seehofer: »Mittlerweile freut es mich, dass er lieber bei Horsti in Bayern ist als bei Mutti in Berlin.«

In der Unionsfraktion war es eine Weile üblich, Merkel »unsere Mutti« zu nennen und den früheren Fraktionschef Volker Kauder »Muttis Liebling«. Diesen Ehrentitel bekam auch Nobert Röttgen verpasst, abwechselnd mit »Muttis Klügster«, bis die Mutti ihn nach der vergeigten NRW-Wahl im Mai 2012 aus dem Kabinett warf – eiskalt abserviert. Da war sie plötzlich keine Mutti mehr, sondern das männermordende Weib, die Medea, die Eiskönigin.

Ob Mutti oder Medea: Angela Merkels Einfluss in der Union, ihre Bedeutung in der deutschen Politik und ihr Renommee weltweit nehmen schnell zu. Sie hat große Auftritte bei internationalen Konferenzen, macht »bella figura«. Ob EU-Ratspräsidentschaft 2007, G-8-Gipfel in Heiligendamm und viele andere Gipfel – »Königin der Nacht«[9] ist ihr nächster Ehrentitel, weil sie die quälend langen und ermüdenden Sitzungen durchhält und am Ende zumindest einen Teil ihrer Agenda durchsetzt.

Ihre Wahlergebnisse allerdings sind eher mager. 2009 schneidet die Union nochmal schlechter ab als 2005 und erzielt mit

33,8 Prozent das zweitschlechteste Ergebnis nach 1949. Nur weil die FDP mit 14,6 Prozent überraschend stark abschneidet, bleibt Merkel Kanzlerin – in einer Koalition mit der FDP. Die wiederum kommt – nach einer desaströsen Performance in der Regierung – 2013 nicht mehr in den Bundestag, sodass die Union, die über 40 Prozent kommt, abermals eine Koalition mit der SPD bilden muss. Vier Jahre später stürzt die Merkel-Union wieder ab und unterbietet das Ergebnis von 2009 noch einmal – 32,9 Prozent. Vier Wahlen, davon zwei mit Tiefstwerten, sodass Angela Merkel nur mit Hilfe der SPD (dreimal) und der FDP (einmal) Kanzlerin wird bzw. bleiben kann. Erfolgsgeschichten hören sich anders an.

Aber immerhin: Angela Merkel ist jeweils »richtig« gewählt worden. Nicht ins Amt geputscht, nicht eingesetzt, nicht in Hinterzimmern ausgekungelt. Ihr ruhiger, sachlicher, unaufgeregter und unprätentiöser Regierungsstil hat ihr große Beliebtheit in der Bevölkerung eingebracht. Noch Ende Mai 2021 bewerteten 77 Prozent die Arbeit der Bundeskanzlerin »alles in allem« als gut, nur 21 Prozent als schlecht.[10]

Das dürfte insgesamt dem zuzurechnen sein, was üblicherweise als »Sozialdemokratisierung« der Unionspolitik bezeichnet wird. Allerdings sind Themen wie Frauenquote, Mindestlohn, Rente mit 63, Mütterrente, Mietpreisbremse und andere nicht von der Kanzlerin vorangetrieben worden, sondern in aller Regel von den mitregierenden Sozialdemokraten und eher fortschrittlichen Strömungen in der CDU.

Sie hat *einmal* versucht, ihrer Partei eine Richtung vorzugeben, eine Linie zu verordnen. Das war 2003 beim Leipziger Parteitag, als sie die CDU auf Marktradikalismus trimmen wollte. Mit Kopfpauschale im Gesundheitswesen, der Bierdeckelsteuer von Friedrich Merz, dem Steuermodell von Professor Kirchhof. Die Sache ging schief, der Professor-Kirchhof-

Wahlkampf wurde zum Debakel, die CDU ging bei der Wahl 2005 ordentlich baden. Es reichte gerade noch so für eine große Koalition. Seither hat Angela Merkel die Nase voll von programmatischen Befreiungsschlägen. Um ihre Politik allerdings insgesamt beurteilen zu können, müssen die fünf großen internationalen Krisen während ihrer Kanzlerschaften bedacht werden.

DIE KRISENKANZLERIN

FINANZKRISE (2008)

Deren Folgen waren auch für die deutsche Wirtschaft katastrophal, vor allem für die exportorientierte Wirtschaft und die Finanzindustrie. Das Bruttoinlandsprodukt stürzte im Jahresdurchschnitt 2009 um 5,6 Prozent. Zusammen mit Finanzminister Steinbrück versuchte die Kanzlerin diese Krise mit Milliardenhilfen zur Rettung der Banken zu überwinden. Auch der Banken – Privatbanken, Landesbanken –, die sich am internationalen Finanzkasino beteiligt und damit ihnen anvertraute Gelder leichtfertig verschleudert hatten. Der Staat gab großzügig: 500 Milliarden Euro für die angeschlagenen Finanzinstitute, 568 Milliarden als staatliche Garantie für private Spareinlagen.

Worüber auch geredet wurde, was am Ende aber ausblieb oder allenfalls halbherzig betrieben wurde, war eine Neuordnung und Regelung der Weltfinanzindustrie. Stattdessen ging das alte Spiel nach einer kurzen Schockphase weiter: Auf den Finanzmärkten wird längst wieder gezockt, was das Zeug hält, die Banken sind zwar gerettet, aber unter anderem um den

Preis, dass die faulen Papiere in Schattenbanken versteckt sind. Inzwischen sind neue Blasen entstanden, und beides könnte bei der nächsten Krise für eine neue Katastrophe sorgen.

EUROKRISE (2009/10)

Eine der Folgen der Finanzmarktkrise war die Eurokrise ab 2009. Durch die Rettungsaktionen für Banken wurden Privatschulden zu Staatsschulden, sodass Staaten wie Portugal, Irland, Italien, Griechenland und Spanien (sogenannte PIIGS-Staaten) keine bezahlbaren Kredite mehr bekamen. Der Staatsbankrott drohte. Ein Mittel dagegen wäre eine gemeinsame Schuldenaufnahme (Euro-Anleihen) gewesen, aber die deutsche Kanzlerin war strikt dagegen.

Man einigte sich auf umfassende Rettungs- und Stabilisierungsmaßnahmen vor allem für die Länder Südeuropas, die allerdings an beinharte Sparprogramme gebunden werden. Diese Auflagen werden kontrolliert von der sogenannten »Troika«, das sind Mitarbeiter der Europäischen Kommission, des IWF, der Europäischen Zentralbank.

Das heißt praktisch: Die Milliarden für Griechenland zum Beispiel sind Kredite, mit denen Bankschulden beglichen werden. Keine Rede von Aufbau, Wachstum, Hilfe zur Selbsthilfe. Es war vor allem Angela Merkel, die in der EU auf ein solches Programm gedrungen hat. Wütende Proteste gegen die deutsche Kanzlerin bei Demonstrationen in Athen und anderswo waren die Folge.

Die Rosskur, die dem Patienten Griechenland verschrieben wurde, hat seinen Zustand noch verschlimmert. Die Einkommen sind im Durchschnitt um 37 Prozent gesunken, jeder vierte Grieche ist arbeitslos, jeder dritte lebt an der Armutsgrenze.

Das Land hat ein Viertel der früheren Wirtschaftskraft verloren, das Gesundheitswesen steht vor dem Zusammenbruch, die Rentenkassen sind leer, der Patient ist dank der Merkel-Kur dem Kollaps nahe. Und das ist nicht passiert, weil irgendwas schiefgelaufen ist. Sondern weil die Troika aus EU-Kommission, Europäischer Zentralbank und Internationalem Währungsfonds ein Sparprogramm diktiert hat, das genau diese Auswirkungen haben musste.

Wie auch immer die Krisenpolitik Merkels zu bewerten ist, am Ende war sie die Gewinnerin. »Scheitert der Euro, scheitert Europa«, dieses unzählige Male wiederholte Mantra kennzeichnet die zentrale Bedeutung dieses Themas für ihre Europapolitik. Am vorläufigen Ende dieser Entwicklung stand ein bemerkenswerter Machtzuwachs für Deutschland in Europa und damit für Kanzlerin Merkel. Was unter anderem daran liegt, dass Deutschland rund ein Viertel der europäischen Rettungskredite trägt und die daran gebundenen Bedingungen entscheidend mitdiktiert.

In der Bevölkerung wird Merkels Eurokrisenpolitik trotz mannigfacher Kritik von Experten und Journalisten insgesamt positiv beurteilt. Das Ergebnis: 41,5 Prozent bei der Bundestagswahl 2013, das beste Ergebnis nach 1990.

»Merkel ist im Zenit ihrer Macht angekommen«, heißt es in der »Süddeutschen Zeitung« anlässlich ihres 60. Geburtstags im Sommer 2014.[11] Und weiter: »Aus der einst aggressiv belächelten ›Mutti‹ der CDU ist eine politische Patriarchin geworden. ... Sie ist die nicht von allen geliebte, aber unangefochtene Regentin Europas.«

FUKUSHIMA

Ihre schönste Selbstdefinition lieferte Angela Merkel als Oppositionspolitikerin im Jahre 2000. »Schröder ist jemand, der relativ beliebig heute diese, morgen jene Reform anpackt, immer wieder Menschen teilweise zufriedenstellt, aber auch wieder unglaublich enttäuscht, also ein Zickzackkurs.«

Der kleine grammatische Hüpfer »Schröder ist ein Zickzackkurs« beschreibt aufs Anmutigste, was seit geraumer Zeit als »Merkelismus« durch die Presse geistert: nämlich einen Regierungsstil, der im Schweinsgalopp die Richtung ändert, wenn es opportun erscheint. Bei der Atomkraft schien das zunächst ganz anders zu sein. Hier hat Angela Merkel einen ganz seltenen politischen Impuls selbst gegeben und mit Energie durchgesetzt. Denn für sie war immer schon klar: »Ich will, dass Deutschland ein zukunftsfähiges Land bleibt, dazu gehört für mich auf absehbare Zeit auch Kernenergie.«[12]

Das war im Sommer 2009, da war sie schon vier Jahre Kanzlerin. Eines der Versprechen für ihre Wiederwahl: der Ausstieg aus dem Ausstieg, den die rot-grüne Koalition 2000 eingeleitet hatte. Der kam im Herbst 2010 und hieß: Verlängerung der Laufzeiten um acht für die älteren und 14 für die jüngeren Atomkraftwerke. »Das ist nicht mehr und nicht weniger als eine Revolution im Bereich der Energieversorgung.«[13]

Diesen bemerkenswerten Satz begründete die Kanzlerin auch damit, dass das lange Überleben der Atomkraft die Umstellung auf erneuerbare Energien sichern solle. Das war immer ihre Marschrichtung: die Atomwirtschaft bei Laune zu halten und gleichzeitig die Anhänger alternativer Energieformen nicht ganz zu verprellen. Und dann kam das. »Wir alle wollen schnellstmöglich aussteigen und in die Versorgung mit erneuerbaren Energien ein- und umsteigen.«[14] Zwischen der Revolutionsankündigung und diesem Satz liegen sieben Monate. Und die Atomkatastrophe von Fukushima.

Interessant ist dabei die Begründung des Schwenks von der revolutionären Verlängerung der Laufzeiten deutscher Atommeiler zur atomwirtschaftlichen Konterrevolution. Was konnte Deutschland von Fukushima lernen? Dass Erdbeben gefährlich sind? Dass Flutwellen gefährlich sind?

Wohl kaum. Die Bundesregierung blieb bei ihrer Einschätzung, dass die deutschen Atomkraftwerke sicher sind. Nur: Nach Fukushima, so Angela Merkel, müsse man das atomare Restrisiko der Atomenergie als nicht mehr beherrschbar einschätzen. Das ist freilich logischer Unsinn. Dass die Atomrisiken nicht kalkulierbar sind, konnte man seit den Unfällen von Sellafield (1957) und Harrisburg (1979) wissen, spätestens seit dem Gau von Tschernobyl (1986). Die Sicherheitslage deutscher Atomkraftwerke hatte sich durch und nach Fukushima um keinen Deut geändert. Wohl aber die machtpolitische Perspektive von Angela Merkel und der Union.

Denn in den sieben Monaten zwischen der Laufzeitverlängerung und der Ausstiegsankündigung im April 2011 – der endgültige Beschluss kam im Juni – lag auch die Wahl eines Grünen zum Ministerpräsidenten von Baden-Württemberg. Und eine schwere Niederlage der CDU in Bremen, wo die Grünen zweitstärkste Partei nach der SPD geworden waren. Die Wahl zum Berliner Abgeordnetenhaus stand vor der Tür. In den Umfragen lagen die Grünen vorn. Eine Grüne als Regierende Bürgermeisterin von Berlin – das raubte der CDU-Führung den Schlaf.[15]

Nicht Fukushima war Anlass zum Handeln. Die Katastrophen, auf die Merkel reagierte, waren die von Baden-Württemberg und Bremen. Nicht die deutschen Atommeiler waren gefährdet, sondern ihre Machtbasis in den Ländern. Wie in keinem anderen Fall zeigt sich hier, dass Angela Merkel keine

Überzeugungstäterin ist, sondern eine rigorose, manchmal gnadenlose Pragmatikerin. Man hat ihr auch den Namen »Laborantin der Macht« gegeben.

Nach Fukushima hatte sie nur zwei schlechte Möglichkeiten: am Atomkurs festzuhalten und damit die Wirtschaftslobby zu erfreuen oder dem zu folgen, was sie für den »Willen des Volkes« hielt. In beiden Fällen musste sie damit rechnen, einen Teil der Wählerschaft zu enttäuschen. Sie hat sich für den Weg entschieden, der ihr nach ihrer Einschätzung am ehesten die Macht erhalten konnte.

Das gehört zu den Merkwürdigkeiten von Merkels Kanzlerschaft: Die Logik von Machtgewinn und Machterhalt kann auch zu guten politischen Ergebnissen führen. Man kann sich nur nicht darauf verlassen.

FLÜCHTLINGSKRISE 2015

Angefangen hat die Flüchtlingskrise von 2015 lange vorher. Und zwar damit, dass die Mächtigen in Europa, Deutschland immer vorneweg, das Flüchtlingsproblem damit zu lösen versuchten, indem sie die Augen davor verschlossen. Seit 1993 gilt das deutsche Asylrecht nicht für Ausländer, die über einen »sicheren Drittstaat« einreisen. Das sind alle Staaten der Europäischen Union und weitere als sicher definierte Herkunftsstaaten. Mit anderen Worten: Nur wer vom Himmel fällt, kann hier Asyl beantragen, denn auf dem Land- oder Seeweg kommt man legal nicht nach Deutschland.

Vier Jahre später trat das Dubliner Abkommen in Kraft, das besagt, dass der Staat, in welchen der Asylbewerber zuerst eingereist ist, das Asylverfahren durchführen muss. Das führte dazu, dass die südeuropäischen Länder (Griechenland, Italien,

Spanien, Portugal) das Problem seither mehr oder weniger allein am Hals haben. Da es nach dem Schengener Abkommen keine Grenzkontrollen in Binneneuropa mehr gibt, wird die Pflicht zur Sicherung der Außengrenzen zur Bekämpfung der illegalen Einwanderung noch verschärft. Funktioniert hat das System allerdings nie so richtig, was im September 2015 offenkundig wurde.

Die eigentliche Krise beginnt dann am 21. August. Da ordnet das Bundesamt für Migration und Flüchtlinge an, dass das Dublin-Verfahren für Flüchtlinge aus Syrien ausgesetzt wird. Ohne Abstimmung mit den europäischen Partnern. Das Amt macht die Entscheidung per Twitter publik, sie erregt in der europäischen Presse Aufsehen. »Deutschland öffnet seine Tore« schreibt der britische »Independent«.

Brisant war das Ganze, weil schon seit 2014 bekannt war, dass die Migrantenströme auf der Balkanroute massiv anwuchsen. Nicht zuletzt weil sich die Zustände in den Flüchtlingslagern rings um Syrien dramatisch verschlechtert hatten. Die UN-Flüchtlingshelfer mussten die Lebensmittelrationen um 40 Prozent kürzen, weil die internationalen Gelder für die Syrienhilfe nicht mehr ausreichten.

Es war also bekannt, dass immer mehr Flüchtlinge – ob Syrer oder nicht – nach Europa kommen, und professionelle Schleuser verbreiteten auf der Balkanroute das Gerücht, dass die Deutschen alle durchlassen, die sich als Syrer ausgeben.

Als sich die Lage dann am 4. September in Ungarn zuspitzte und klar war, dass Tausende von Flüchtlingen über Österreich nach Deutschland kommen würden, beschloss die Bundesregierung, beschloss Angela Merkel, die Grenzen nicht zu schließen. Was immer zu den Hintergründen an Fakten und Gerüchten veröffentlicht worden ist: Österreichs Bundeskanzler Faymann und Angela Merkel wurden »durch eine sorgfältig geplante und vorbereitete Aktion der ungarischen Regierung in diese Entscheidung hineingetrieben.«[16] Das räumt sogar der »Welt«-Journalist Robin Alexander ein, einer der entschiedensten Kritiker von Merkels Flüchtlingspolitik. Orban hatte Flüchtlinge aus Ostungarn mit Bussen an die österreichische Grenze fahren und dort aussteigen und zu Fuß weitergehen lassen. Das Signal sollte sein: Österreich hat die Migranten selbst ins Land geholt. Und dann wurden sie nach Bayern durchgewinkt.

Die Anteilnahme der Bevölkerung war überwältigend, die deutsche »Willkommenskultur« wurde sprichwörtlich, aus der ganzen Welt kamen Lob und Zuspruch. Nur wurde allmählich klar, dass man ein Problem hat, wenn Zehntausende Migranten einfach so ins Land kommen, ohne registriert zu werden. Das wurde eine Woche später noch deutlicher, als die Entscheidung der Bundesregierung, nun doch Grenzkontrollen einzuführen, dadurch aufgeweicht wurde, dass im letzten Augenblick die Vorschrift gestrichen wurde, Migranten ohne Asylgrund zurückzuweisen. Keiner wollte für hässliche Bilder an deutschen Grenzen verantwortlich sein.

Es ist diese Planlosigkeit, die viele Menschen an Merkels Flüchtlingspolitik zweifeln und verzweifeln lässt. Und ein entscheidender Fehler war, die europäischen Partner nicht rechtzeitig einzubinden. Viele hatten den Eindruck, dass Madame Merkel die Richtlinien der europäischen Flüchtlingspolitik bestimmen wollte und alle anderen hinterherdackeln müssten. Der Eindruck besteht bis heute.

Ein innenpolitisches Ergebnis dieser Politik liegt auf der Hand: Die AfD als Eurokritiker-Partei wird zur Flüchtlings-Katastrophen-Partei und bekommt mächtig Zuwachs. 2010 hatte Merkel in der Eurokrise Hilfen für Griechenland abgelehnt. Derlei sei mit ihr »nicht zu machen«. Nur wenige Stunden später stimmte sie auf einem EU-Gipfel diesen Hilfen zu und nannte die Entscheidung »alternativlos«. Der Parteiname »Alternative für Deutschland« ist eine Reaktion auf »alternativlos«. Die Gründer der AfD beziehen sich bei der Namensgebung ausdrücklich auf diese Äußerung.

Bei der Bundestagswahl 2013 war die AfD mit 4,7 Prozent gescheitert, nach dem Streit um die Parteiführung und dem Austritt von Parteigründer Bernd Lucke im Sommer 2015 hatte sie in Umfragen nur noch drei Prozent erreicht, manch einer hörte schon das Totenglöcklein läuten. Die Ereignisse vom September erweckten die Partei aber wieder zu neuem Leben. Bei der Bundestagswahl 2017, als die Union das schlechteste Ergebnis seit 1949 erzielte (32,9 Prozent), wuchs die AfD von 4,7 auf 12,6 Prozent. Auch das war ohne Zweifel ein Ergebnis der Flüchtlingskrise.

An der vor allem eines bemerkenswert ist: Dies ist einer der wenigen Fälle, in denen Angela Merkel aus Überzeugung handelt, einem Grundsatz folgt, nämlich der Verpflichtung auf das Christliche in christdemokratischer Politik. Und einer der noch selteneren Fälle, in denen sie sich von Gefühlen leiten lässt. Es ist sicher auch richtig, dass sie hässliche Bilder vermeiden wollte, als sie am 5. September 2015 die Grenzen nicht schließen ließ und eine Woche später Grenzkontrollen anordnete, die keine waren.

Aber es waren auch die verzweifelten Menschen in den ungarischen Flüchtlingslagern und dann auf dem Marsch von Österreich nach Deutschland, die sie berührt haben. Als die Kritik an ihrer Entscheidung lauter wurde, antwortete sie: Die Bilder von Menschen, die Flüchtlinge an Bahnhöfen jubelnd und mit Blumen empfangen hatten, seien um die Welt gegangen und hätten international einen positiven Eindruck hinterlassen: »Da hat die Welt gesagt, das ist aber eine schöne Geste.

Und das kam aus dem Herzen der Menschen.« Und weiter: »Wenn wir jetzt anfangen, uns noch entschuldigen zu müssen dafür, dass wir in Notsituationen ein freundliches Gesicht zeigen, dann ist das nicht mein Land.«[17] Eine bemerkenswerte Aussage für eine Bundeskanzlerin. Und rückblickend auf die Hilfsbereitschaft vieler Deutscher meint sie: »Das hat Deutschland ein freundliches Gesicht gegeben, und das hat Europa auch ein freundliches Gesicht gegeben.« Der »Spiegel« schrieb Anfang 2016: »Merkel schien bereit zu sein, für ihre Politik der offenen Arme ihre Macht aufs Spiel zu setzen, wie Gerhard Schröder für die Agenda 2010 und Helmut Schmidt für den Nato-Doppelbeschluss.«[18]

Dieser humanitäre Ansatz ist gescheitert, von dem freundlichen Gesicht war sehr bald kaum noch etwas übrig. Schritt für Schritt wurden die Bedingungen für Flüchtlinge in Deutschland verschärft, Leistungen begrenzt, Familiennachzug erschwert, die Zahl der sicheren Herkunftsländer vergrößert. Die Balkanroute wurde geschlossen, der Flüchtlingspakt mit der Türkei sorgte dafür, dass deutlich weniger syrische Migranten nach Europa kommen und dass Präsident Erdogan ein perfektes Erpressungsmittel in der Hand hat. Und schließlich: Die solidarische Verteilung von Flüchtlingen in Europa funktioniert nicht, vor allem hier ist Angela Merkel gescheitert.

CORONA-KRISE

Ob Angela Merkel eine Krisenkanzlerin ist, wie viele meinen, ist fraglich. Jedenfalls hat sie es in den vielen Jahren ihrer Kanzlerschaft vermocht, den Eindruck zu erwecken, dass sie Deutschland einigermaßen sicher durch alle möglichen Krisen steuert. Diesen Nimbus hat sie spätestens in der Corona-Krise eingebüßt. Allerdings weitgehend ohne ihr Verschulden. Die vielen Pannen und Fehlentwicklungen hat sie am allerwenigsten zu verantworten. Das als allgemeines Durcheinander wahrgenommene Krisenmanagement ist zum Teil Gesundheitsminister Spahn, im Wesentlichen aber den unterschiedlichen Interessen der Bundesländer geschuldet, deren Ministerpräsidenten sich zum Teil nicht einmal an Absprachen gebunden fühlten, denen sie gerade zugestimmt hatten.

So entstand der Eindruck, dass die Kanzlerin, die deutlich strengere Maßnahmen als die jeweils verordneten befürwortet hatte, sich nicht mehr durchsetzen kann. »Uns ist das Ding entglitten«, soll sie am 24. Januar dieses Jahres bei einer der vielen Konferenzen mit den Ministerpräsidenten geseufzt haben. Danach hat sie es immerhin geschafft, die Länderchefs zu einem Inzidenzwert von 35 für mögliche Lockerungen zu überreden. Kaum war das beschlossen, kam Kritik aus genau der Runde, die den Beschluss gefasst hatte. Im kleinen Kreis mit Markus Söder, Olaf Scholz und Berlins regierendem Bürgermeister Michael Müller musste sich die Kanzlerin von 35 auf 50 hochhandeln lassen. »Für die Kanzlerin kommt das der Kapitulation gleich.«[19]

Der Tiefpunkt in dem ganzen Verwirrspiel: Nachdem sie sich gegen ihre Überzeugung auf Lockerungen und Öffnungsschritte eingelassen hat, kündigt sie zwei Wochen danach einen harten Lockdown für Ostern an, inklusive Ausgangssperren. Eine fünftägige Osterruhe, also von Gründonnerstag bis Ostersonntag, soll helfen, die »dritte Welle« zu brechen.

Merkels Fehler: Keiner kann in diesem Lande einfach einen Werktag zu einem Feiertag erklären, auch nicht die Bundeskanzlerin. Da gibt es erhebliche rechtliche, auch versicherungsrechtliche Schwierigkeiten. »Dieser Fehler ist einzig und allein mein Fehler«, erklärt sie am 24. März und fügt hinzu: »Dafür bitte ich alle Bürgerinnen und Bürger um Verzeihung.« Ein einmaliger Vorgang.

Der Eindruck eines ständigen Durcheinanders und Gegeneinanders, von Ratlosigkeit und Verzweiflung der Regierenden hätte durchaus vermieden werden können. Die Kanzlerin hätte nur eindeutiger kommunizieren müssen, dass der Bund in diesen Fragen nur den Rahmen setzen kann, innerhalb dessen die Länder ihre Maßnahmen treffen und verantworten. Das war und ist die Rechtslage in einem föderalen Staat.

Das wurde zwar immer mal wieder gesagt, aber eher kraftlos, ohne den nötigen Nachdruck, sodass immer mehr von Konfusion, Flickenteppich und dergleichen die Rede war und eine Corona-Konferenz nach der anderen als Desaster für Merkel wahrgenommen werden konnte. So trug die Pandemie mit dazu bei, den Machtverfall[20] Merkels zu illustrieren, ein Verfall, der schon lange vorher eingesetzt hatte. Dass sie sich nicht durchsetzen konnte, auch gegen die eigenen Leute nicht, nagte an ihrer Autorität. Eine Politikerin, die stets auf Macht und kaum je auf Inhalte, auf Konzepte, auf Programme gesetzt hat, verliert alles, wenn sie ihre Macht verliert.

Im Oktober 2018 verkündet sie, dass sie nicht wieder für den Parteivorsitz und für die Kanzlerschaft antreten werde. Und zwar mit derselben Begründung, die auch schon andere Kanzler angeführt hatten: schlechte Ergebnisse bei Landtagswahlen. Die CSU war in Bayern auf unter 40 Prozent abgestürzt (minus 10,5) und die CDU in Hessen auf unter 30 Prozent (minus 11,3).

Spätestens jetzt zeigte sich, dass Angela Merkel den Fehler fast aller ihrer Vorgänger gemacht hatte: Die Nachfolge war ungeklärt. Lange Zeit hatte Norbert Röttgen als Kronprinz gegolten, aber der hatte, wie beschrieben, seine Chance vertan.

Zwar hatte Merkel die saarländische Ministerpräsidentin Kramp-Karrenbauer im Februar 2018 nach Berlin geholt – zur großen Überraschung vieler aber nicht ins Kabinett, sondern als CDU-Generalsekretärin. Kramp-Karrenbauer selbst hatte das so gewollt, Merkel hatte ihr ein Ministeramt angeboten. Aber das Parteiamt sollte wohl eine Art Vorentscheidung für den Parteivorsitz sein.

Nur: Diese Lösung war in der Partei nicht ausreichend vorbereitet worden. Zumal Kramp-Karrenbauer zu deutlich auf Merkel-Linie lag und somit eine Fortsetzung der Merkel-Ära zu erwarten war. Was vielen Konservativen in der Partei durchaus nicht in den Kram passte.

Weshalb Friedrich Merz ins Gespräch gebracht wurde. Von seinen Freunden und Anhängern, auch von ihm selbst. Der alte Merkel-Widersacher, so das Kalkül, würde frischen Wind in die müde gewordene CDU-Politik bringen. Auch andere Kandidaten wurden genannt – Jens Spahn, Ursula von der Leyen, sogar Wolfgang Schäuble war mal wieder im Gespräch. Aber Annegret Kramp-Karrenbauer wurde Vorsitzende der CDU. Knapp. Mit 35 Stimmen Vorsprung vor Friedrich Merz. Eine gut vorbereitete Nachfolge hätte ein deutlicheres Votum ermöglicht.

Aber sie war eine Parteivorsitzende ohne Fortune. Zwar lief es zunächst ganz gut, sie lag Anfang 2019 im ARD-Deutschlandtrend auf Platz zwei hinter Merkel als beliebteste Politikerin. Aber ihre Fehler häuften sich. Ein dummer Scherz über »Toiletten für das dritte Geschlecht« bei einem Karnevalsauftritt, der ungeschickte Umgang mit dem Anti-Unions-Video des Youtubers Rezo, der Einbruch der CDU bei der Europawahl und schließlich eine irritierende Äußerung über Pressefreiheit. Ein Youtuber hatte dazu aufgerufen, die CDU nicht zu wählen. »Was wäre eigentlich in diesem Land los«, sagte sie bei einer

Pressekonferenz nach der Europawahl im Mai 2019, »wenn eine Reihe von, sagen wir mal, 70 Zeitungsredaktionen zwei Tage vor der Wahl erklärt hätten, wir machen einen gemeinsamen Aufruf: Wählt bitte nicht CDU und SPD! Das wäre klare Meinungsmache vor der Wahl gewesen, und ich glaube, es hätte eine muntere Diskussion in diesem Land ausgelöst.«[21] Deshalb würde die CDU die Diskussion über Meinungsmache im Internet »sehr offensiv angehen«. Im daueraufgeregten Web wurde das sofort als Drohung interpretiert.

Allmählich dreht sich der Wind gegen die neue Vorsitzende, die selbstverständlich auch als potenzielle Kanzlerkandidatin gilt. Im Februar 2020 kommt der Todesstoß, als die CDU Thüringens gemeinsam mit der AfD den FDP-Mann Thomas Kemmerich zum Ministerpräsidenten wählt. Sie reist nach Erfurt, bringt es aber – vor aller Augen sozusagen – nicht fertig, den Landesverband zur Räson zu bringen.

Sie gibt auf. Und nun heißt es wieder: Saarländische Provinz ist das eine, die große Politik in Berlin etwas ganz anderes. Allerdings war die Schar derer, die Annegret Kramp-Karrenbauer beim Einstieg in das Spitzenamt unterstützt hatten, von Anfang an überschaubar. Auch von Angela Merkel kam keine erkennbare Hilfe. Als sie während einer Südafrika-Reise erklärte, die Wahl in Thüringen sei inakzeptabel und müsse rückgängig gemacht werden, war das genau das Gegenteil von Unterstützung. Es war vielmehr ein hoch symbolischer Akt von Machtpolitik: Sieh her, so macht man das, wenn eine Sache aus dem Ruder läuft, man ordnet an, dass eine parlamentarische Wahl »rückgängig« gemacht werden soll. Ein bemerkenswerter Vorgang. Zwar hat auch das nicht dazu geführt, dass die CDU in Thüringen parierte. Aber dazu, dass Frau Kramp-Karrenbauer endgültig davon überzeugt war, dass sie in dieser Konstellation keine Chance hatte, die CDU tatsächlich zu führen.

SELBSTVERZWERGUNG

Und damit war das Scheitern der CDU-Vorsitzenden auch das Scheitern der Kanzlerin. Gescheitert war ihr Modell, nach dem Debakel bei der Hessenwahl die Parteiführung einer anderen zu überlassen und die vierte Kanzlerschaft in Ruhe zu Ende zu bringen. Vermutlich ohne es wirklich zu wollen, hat die Kanzlerin das Scheitern der Vorsitzenden besiegelt und damit ihr eigenes Scheitern eindrücklich dokumentiert.

Die CDU setzte damit die Selbstverzwergung nach sozialdemokratischem Muster munter fort. Zwar waren die Umfragewerte der Bundespartei immer noch bei 27, 28 Prozent. Aber die 30-Prozent-Marke erreichte sie schon seit geraumer Zeit nicht mehr. Die Situation Anfang 2020 war also die: Diese Republik wird von zwei vormals großen Parteien regiert, die offenbar überwiegend mit ihren eigenen Zerwürfnissen und Niederlagen beschäftigt sind.

Damit hatte jeder mögliche Nachfolger das Problem, ob er oder sie zu den gegenwärtigen Konditionen antreten will. Also mit einer Kanzlerin und einem Kanzleramt, die keine Garantie bieten, der oder dem Vorsitzenden den Rücken zu stärken, mit dem Konflikt zwischen Rechtstendenzen und liberaler Ausrichtung innerhalb der Partei, mit abstürzenden Landesverbänden im Osten, die vielleicht doch mit der AfD anbandeln, und Tendenzen zu Schwarz-Grün im Westen. Um das alles zusammenzuhalten oder wieder zusammenzuführen, bedarf es einer stärkeren Position in der Union. Und die ist nach aller Erfahrung nur mit der Personalunion Parteivorsitz und Kanzlerschaft zu haben.

So kam es dann auch. Friedrich Merz unterlag abermals bei der Wahl zum CDU-Parteivorsitzenden, mit Armin Laschet wurde ein Merkel-Mann Merkel-Nachfolger. Und dann auch

Kanzlerkandidat der Union nach elend langem Gezerre mit der CSU und Markus Söder.

Und es ging weiter abwärts. Bei zwei Landtagswahlen am 14. März 2021 gibt es wieder zwei böse Niederlagen. Im ehemaligen CDU-Stammland Baden-Württemberg geht es runter auf knapp über 24 Prozent, in Helmut Kohls Heimat Rheinland-Pfalz auf unter 28 Prozent. Als Hauptgrund für den Absturz machen Analytiker und Journalisten das Missmanagement in der Coronakrise aus. Angela Merkel läuft Gefahr, »auf den letzten Metern ihrer Kanzlerschaft ihr Andenken zu demolieren«, wie die »Luzerner Zeitung« formuliert.[22] Jan Fleischhauer im »Focus«: »Leider verbindet Kohl und Merkel auch der Attentismus der Spätphase. Nichts geht voran, alles misslingt. Aber irgendwie ist das auch egal.«[23] Und aus SPD-Sicht sieht das so aus: »Merkel hinterlässt ein müderes, vor allem auch polarisierteres Land, als sie es 2005 von Gerhard Schröder übernommen hat.«[24]

Zerfall, Abstieg, Zerbröseln, das sind die Begriffe, mit denen die Endphase der Kanzlerschaft von Angela Merkel benannt wird. Daran ändert auch der letzte CDU-Wahlerfolg in Sachsen-Anhalt nichts. Wie Helmut Kohl schleppt sie sich zum Ende hin, das für viele nicht schnell genug kommen kann. Spätestens nach der Bundestagswahl 2017, angesichts der quälend langen Koalitionsverhandlungen, bahnt sich für einige Beobachter das »Ende der Ära Merkel« an. Welche Koalition auch immer zustande kommt, »in allen Varianten ist die Kanzlerin nur noch eine Figur des Übergangs.«[25]

»Die Ära Merkel geht zu Ende, und das ist auch gut so«, schreibt der Soziologe Wolfgang Streeck Ende 2017 in der FAZ und diagnostiziert eine von Merkel herbeigeführte »postdemokratische Narkose«, aus der Politik und Öffentlichkeit allmählich zu erwachen scheinen.[26] Drei Jahre später stellt die »Süddeutsche Zeitung« fest, was viele denken: »Es bröckelt«[27], und Joschka Fischers Abgesang »Goodbye Mutti«[28] im März dieses Jahres artikuliert schließlich den gesellschaftlichen Mainstream.

Das Bemerkenswerte daran: Der Beliebtheit von Angela Merkel haben weder ihre abrupten Politikwechsel noch ihr am Ende offensichtliches Scheitern als Krisenmanagerin ernsthaft geschadet. Das unterscheidet sie von den großen Figuren der CDU: Helmut Kohl war in seinem letzten Regierungsjahr so unbeliebt wie Gregor Gysi, und selbst Konrad Adenauers Beliebtheit war am Ende stark gesunken.

Das ist jetzt anders: Beim Deutschlandtrend im Mai 2021 sind zwar nur noch 35 Prozent der Befragten zufrieden mit der Arbeit der Bundesregierung. Aber mit Merkel immer noch 59 Prozent. Für die Partei zahlt sich das nicht aus. In der Sonntagsfrage liegt die Union mit 24 bis 26 Prozent Zustimmung mal vor, mal hinter den Grünen, aber immer unter 30 Prozent. Markus Söder hat die Union mehrmals davor gewarnt, es sich mit den Beliebtheitswerten der Kanzlerin gemütlich zu machen: »Merkel-Stimmen gibt's nur mit Merkel-Politik.«

Merkel hätte die Chance gehabt, ihre Kanzlerschaft nach 16 Jahren geordnet und in Würde zu beenden, auch sie hat es nicht geschafft. Das liegt sicher auch an der Corona-Krise. Aber die Turbulenzen um die Nachfolge im Parteivorsitz und um die Kanzlerkandidatur sind ihre Turbulenzen, sie hinterlässt eine Partei, die ums Überleben als Kanzlerpartei ringt, und eine Koalition, in der die kleinteiligen Streitereien in der Corona-Krise der letzte, entscheidende Eindruck bleiben. Was ihr von den Regierten aber offenbar nicht wirklich angekreidet wird. Angela Merkels Renommee als Person scheint von dem politischen Gewürge ihrer letzten Jahre unberührt zu bleiben.

1954	Am 17. Juli in Hamburg geboren, Umsiedlung nach Quitzow (DDR)
1957	Umzug nach Templin in der Uckermark
1973 – 1978	Physikstudium an der Universität Leipzig, Diplomphysikerin
1986	Promotion
1989	Mitglied des »Demokratischen Aufbruchs«, nach dessen Auflösung 1990 automatisch Mitglied der CDU
1990	Stellvertretende Regierungssprecherin der DDR-Regierung de Maizière
1990	Mitglied des Bundestages
1991-1998	Stellvertretende CDU-Vorsitzende
1993-2000	Landesvorsitzende der CDU Mecklenburg-Vorpommern
1991-1994	Bundesministerin für Frauen und Jugend
1994-1998	Bundesministerin für Umwelt, Naturschutz und Reaktorsicherheit
1998-2000	CDU-Generalsekretärin
2000-2018	CDU-Vorsitzende
2002-2005	Vorsitzende der Unionsfraktion im Bundestag
2005-2021	Bundeskanzlerin

ERBSCHAFTEN

»Die politische Wissenschaft hat dem Problem des politischen exitus letalis deutscher Bundeskanzler bislang wenig systematische Aufmerksamkeit geschenkt.« Das notierte der Adenauer-Biograph Hans-Peter Schwarz vor über zehn Jahren.[1] Dieses Buch ist der Versuch, diesem Mangel ein wenig abzuhelfen. Freilich ist die Frage, wie gruselig und schmählich der Abgang eines Bundeskanzlers war, für die Nachwelt nicht unbedingt entscheidend.

Leistung und Bedeutung eines Politikers werden höchst unterschiedlich bewertet, je nach Interessen und Gruppenzugehörigkeit. Das ist keine überraschende Erkenntnis. Politiker, Journalisten und »normale« Bürger schauen aus unterschiedlichen Perspektiven auf das Wirken von Politikern. So war Konrad Adenauer in der Bevölkerung noch ausgesprochen beliebt, als in der eigenen Partei und unter Bonner Korrespondenten schon die Kritik am »Alten« überwog. Am Ende seiner Amtszeit aber, spätestens mit der vierten Kanzlerschaft 1961, war das Ansehen Adenauers auch in der Bevölkerung dramatisch gesunken. Schon vor der Wahl 1961 votierten zwei Drittel der Befragten gegen eine weitere Kanzlerschaft.

Nach seinem Ausscheiden änderte sich das zwar wieder, aber nur ganz allmählich. Denn Adenauer ging keineswegs in Pension. Er blieb – mit seinen 85 Jahren – CDU-Vorsitzender und Bundestagsabgeordneter, er hielt Reden, gab Interviews, blieb also mitten im politischen Geschehen, blieb angreifbar.

In vollem Glanz erstrahlte sein Nachruhm erst nach seinem Tod, aber auf der politischen Bühne fing das Kränzeflechten schon bei seiner Verabschiedung aus dem Kanzleramt an. Bundestagspräsident Gerstenmaier, der schon früh auf Erhard gesetzt und mehrmals versucht hatte, Mehrheiten gegen Adenauer zu organisieren, gab den Ton an: »Der geschichtliche Rang dieser Stunde wird, wie mir scheint, schon dadurch deutlich, dass Sie, Herr Bundeskanzler, in hundert Jahren sturmbewegter deutscher Geschichte der einzige sind, der nach langer Regierungszeit unbesiegt und im Frieden von einem vergleichbaren Stuhle steigt und der gelassen zu dem Sitz zurückkehrt, von dem Sie hier am 15. September 1949 aufgestanden sind«.[2]

Was für ein wunderbar blühender Unsinn. Adenauer war gestürzt worden, und er schied keineswegs gelassen und auf gar keinen Fall im Frieden. Er fühlte sich abgesetzt, und das war er auch. Und diese Absetzung war das Ende einer jahrelangen Aneinanderreihung von Peinlichkeiten, eines qualvollen Prozesses, den Adenauer immer wieder zu verhindern und zu verzögern suchte.

Aber im Laufe der Zeit treten solche Ereignisse in den Hintergrund, und das Gesamtbild des Politikers erscheint allmählich in einem freundlicheren Licht. In einem Licht, das auch möglich macht, dass Adenauer noch im 21. Jahrhundert als einer der wichtigsten Politiker, ja überhaupt als eine der wichtigsten Gestalten der Geschichte wahrgenommen wird.

Ludwig Erhard ist als Bundeskanzler so gut wie vergessen. Er ist sozusagen mit Ansage gescheitert. Er wurde ins Amt gehoben, war knapp zwei Jahre »eingesetzter« Kanzler, und als er dann richtig gewählt worden war, wurde er nach gut einem Jahr wieder rausbugsiert. Schmählicher kann eine Kanzlerschaft nicht enden. Was aber Erhards Nachruhm wenig geschadet hat. Er blieb nicht als Kanzler, sondern als Wirtschaftsminister, als »Vater des Wirtschaftswunders« in Erinnerung, überwiegend in guter. Er blieb noch elf Jahre, bis zu seinem Tode, Bundestagsabgeordneter, seit 1972 war er Alterspräsident. 1967 wurde er CDU-Ehrenvorsitzender, »hochgeehrt von Freunden und ehemaligen Widersachern«.[3]

Kurt Georg Kiesinger hat als Kanzler wenig Ruhm und noch weniger Nachruhm erworben. Er ist der Ex-Kanzler mit dem geringsten Bekanntheitsgrad. Wenn – in politischen Fachkreisen – gut von der ersten großen Koalition geredet wird, dann über Helmut Schmidt und Rainer Barzel, die als Fraktionsvorsitzende die Richtlinien der Politik bestimmten. Oder über Karl Schiller und Franz Josef Strauß, die recht erfolgreich Wirtschafts- und Finanzpolitik machten. Kiesinger kommt wegen seiner rhetorischen Fähigkeiten allenfalls als »König Silberzunge« zu Ehren. »Kanzler zwischen den Zeiten« ist der Untertitel einer Kiesinger-Biografie.[4] Das trifft es ganz gut. Nach seiner Abwahl 1969 war er noch bis 1980 Bundestagsabgeordneter und zog sich dann aus der Politik zurück.

Willy Brandt bleibt nicht nur als Bundeskanzler in Erinnerung, sondern auch als SPD-Vorsitzender. Das war er noch während der ganzen Kanzlerschaft von Helmut Schmidt,[5] was dieser im Nachhinein bedauerte, weil die Partei nach seiner Meinung in die falsche Richtung lief. »Die Führung der Partei war jedoch nicht meine Aufgabe, sondern Aufgabe Willy Brandts«, schreibt Schmidt viele Jahre später. »Der aber hat die von mir kritisierte Entwicklung eher gefördert als gehindert.«[6]

1976 wurde Brandt 1976 Präsident der »Sozialistischen Internationale«, 1977 Vorsitzender der „Nord-Süd-Kommission«, er engagierte sich mehr und mehr in der Friedens-, Abrüstungs- und Entwicklungspolitik und kam damit immer öfter in Konflikt mit der Politik Helmut Schmidts. 1987 tritt er nach einigen Querelen zurück – unter anderem hatte er sich durch die Berufung von Margarita Mathiopoulos zur Parteisprecherin lächerlich gemacht. Was seinem Nachruhm aber nicht wirklich schadete.

Das deutsche Kanzleramt, so schreibt Klaus Harpprecht, habe Brandt »nicht als die Erfüllung seiner leidenschaftlicheren Hoffnungen und innigeren Wünsche« betrachtet. Das ist sicherlich nicht ganz zutreffend, schließlich hat Brandt viermal für dieses Amt kandidiert, und man hat ihn dazu nicht geprügelt. Aber es ist doch etwas dran an der weiteren Feststellung: »Erst nach seinem Sturz etablierte er sich ganz als das, was er fast seit Kindertagen angestrebt haben mag: der späte Nachfolger August Bebels zu werden, die Leitfigur seiner Jugend, der politisch-moralische ›Übervater‹, dessen Bild in der Erinnerung gelegentlich mit jenem des leiblichen Großvaters verschmolz, des kantigen und warmherzigen Arbeiters, der dem kleinen Herbert Frahm den bergenden Schatten bot, den er brauchte.«[7]

Als Willy Brandt am 8. Oktober 1992 im Alter von 78 Jahren starb, war er für die meisten Zeitgenossen schon in eine Art überzeitlichen Olymp entrückt, in dem nur noch das milde Abendlicht der »Geschichte« scheint, das Kritik und Differenz verwischt. Was bleibt: Willy Brandt ist einer der wenigen Kanzler, die der deutschen Politik nachhaltig Profil und Richtung gegeben haben.

Die Entrückung in diesen Olymp durfte auch Helmut Schmidt erfahren. Als Bundeskanzler war er berühmt für seine energische, zupackende, unsentimentale Art, Politik zu machen, und genoss international hohes Ansehen. Allerdings hat seine Rüstungs- und Atompolitik auch die Entstehung der Grünen und damit eine Schwächung seiner eigenen Partei befördert.

Gleichwohl rangiert Schmidt in Umfragen stets ganz vorne, wenn es um den bedeutendsten Kanzler nach 1949 geht. In einer Umfrage des »Stern« im Dezember 2013 landete er sogar auf Platz 1 vor Konrad Adenauer und Willy Brandt.

Nach seinem Sturz hat er sich schnell aus der aktiven Politik verabschiedet: 1987, am Ende von Kohls erster Amtsperiode, schied er aus dem Bundestag aus. Seit 1983 war er Mitherausgeber der »Zeit«, später auch Geschäftsführer des Zeitverlags. Er entfaltete im Laufe der Jahre eine rege publizistische und Vortragstätigkeit, war Mitglied der Atlantik-Brücke, Mitbegründer des InterAction Council, eines Rates ehemaliger Inhaber höchster Staatsämter – das Musterbild eines »elder statesman«, dessen Rat von allen gerne gehört und angenommen wird.

Eine bemerkenswerte Karriere nach der Politik: In seinen jungen Parlamentsjahren war er bekannt als »Schmidt Schnauze«, dann als der »Macher«, als »Weltökonom«, schließlich firmierte er als der »Weltweise«. An all diesen Bildern hat er sorgfältig gearbeitet.

Helmut Kohl hätte es fast geschafft, einen sozusagen unbefleckten Eintrag ins Buch der Geschichte zu ergattern. Zwar hatte er in seiner langen Kanzlerschaft einiges verstolpert, war auch schon involviert in die Flick-Parteispendenaffäre, aber sein entschlossenes Agieren, als die deutsche Einheit möglich wurde, war eine politische Leistung, die für einen tadellosen Nachruhm hätte sorgen können. Wäre da nicht der neuerliche Parteispendenskandal gewesen.

Ende 1998 war Kohl abgewählt worden und hatte sich mit Anstand, ohne Peinlichkeiten und ohne Gepolter aus dem Amt verabschiedet. Er gab den Parteivorsitz ab, blieb zwar noch bis 2002 im Bundestag, war aber kaum noch parlamentarisch aktiv. Der politische Olymp schien ihm sicher, bis im November

1999 CDU-Schatzmeister Walther Leisler Kiep verhaftet wurde. Verdacht der Steuerhinterziehung.

Nach und nach kam heraus, dass in der Ära Kohl schwarze Konten existiert hatten, Kohl gab zu, insgesamt über zwei Millionen D-Mark an illegalen Parteispenden angenommen zu haben. Die Namen der Spender wollte er nicht nennen, weil er ihnen sein Ehrenwort gegeben habe. Auf Druck der CDU-Spitze verzichtete Kohl auf den Ehrenvorsitz der Partei, und es war zuerst mal zu Ende mit dem Nachruhm.

Allerdings nicht lange: Nachdem sich die CDU von Kohl gelöst und er eine Weile auf der Strafbank gesessen hatte, holte Angela Merkel ihn demonstrativ wieder in den Schoß der Partei zurück mit dem Satz: »Welch unschätzbares Glück, dass Deutschland auf einen Kanzler des Vertrauens bauen konnte.«[8]

Was bleibt? Für seine Fans wird Kohl immer der Kanzler der Einheit bleiben, für seine Gegner immer der Mann des Spendenskandals. Und im Buch der Geschichte wird die Einheit ein großes Kapitel einnehmen und die Spendenaffäre ein kleines, wenn auch sicher mehr als eine Fußnote.

Ähnlich zwiespältig ist das bei Gerhard Schröder: Er ist einerseits der Kanzler, der Deutschland zum ersten Mal nach 1945 in eine Kriegsbeteiligung führte, andererseits der Kanzler, der die Teilnahme am US-Krieg gegen den Irak verweigerte. Einerseits der Mann, der mit der Agenda 2010 Deutschland auf einen Kurs der wirtschaftlichen Gesundung führte, was vor allem von seinen ehemaligen politischen Gegnern so gesehen wird, und andererseits für die Prekarisierung großer Teile der Bevölkerung sorgte. Und für den Abwärtstrend der SPD, der bis heute anhält. Ein Ergebnis seiner Kanzlerschaft: die Entstehung der Linkspartei und damit eine weitere Schwächung seiner eigenen Partei. Was seinem Nachruhm für viele aber am meisten im Wege steht, ist seine Tätigkeit für russische Energiekonzerne und sein weitgehend unkritisches Verhältnis zu Wladimir Putin. Und wenn erst einmal genug Zeit verstrichen sein wird, könnte der Nachruhm eines Kanzlers übrigbleiben, der mit der ersten rot-grünen Bundesregierung auch für einen gesellschaftlichen Umschwung gesorgt hat. Möglicherweise.

Wie bei Helmut Schmidt und Gerhard Schröder ist auch bei Angela Merkel die Entstehung einer neuen Partei (AfD) und die damit verbundene Schwächung der eigenen Partei ein Ergebnis ihrer Kanzlerschaft. Das widerspricht natürlich fundamental dem Bild, das Angela Merkel gerne von sich vermitteln lässt, dem der Krisenkanzlerin. Retterin aus der Finanzkrise, der Eurokrise, entscheidungsstark in der Atomkrise, der Flüchtlingskrise. Wir kommen aus der Krise stärker heraus, als wir hineingegangen sind, das ist das Bild, das Angela Merkel stets bedient hat und hat bedienen lassen. Ob dieses Bild besonders viel mit der Wirklichkeit zu tun hat, spielt dabei eine weniger wichtige Rolle.

Was sie von anderen Kanzlern vor allem unterscheidet, ist ihre Unaufgeregtheit, ihre Uneitelkeit, das Element der Ruhe. Gerhard Schröder hat mal eine »Politik der ruhigen Hand« propagiert, darüber hat sie sich als Oppositionschefin lustig gemacht. Kaum im Amt, wurde sie zur Personifizierung der ruhigen Hand. Das wurde ihr Erfolgsmodell. Es ist menschlich, seine Ruhe haben zu wollen, und wenn man in Angela Merkel eine Garantin dieser Ruhe zu haben glaubt, dann wird das eben genau das Bild sein, mit dem sie in die Geschichtsbücher eingeht.

Freilich galt das nur bis 2018. Ihr Verzicht auf Parteivorsitz und nochmalige Kanzlerkandidatur waren Signale des Scheiterns. Und in der Corona-Pandemie geriet ihr für die Geschichtsbücher gezeichnetes Bild endgültig ins Wanken. Aber vielleicht wird auch hier, wenn einmal genug Zeit vergangen ist, die milde Abendsonne der Geschichte ein freundlicheres Bild möglich machen.

LITERATURVERZEICHNIS

Adam, Konrad: Kohl und die geistig-moralische Wende. In: Reinhard Appel (Hrsg.): *Helmut Kohl im Spiegel seiner Macht*. Bonn 1990, S. 21–31.

Adenauer, Konrad: *Erinnerungen 1945-1953*. Stuttgart 1965.

Adenauer, Konrad: *Erinnerungen 1953-1955*. Stuttgart 1966.

Adenauer, Konrad: *Erinnerungen 1955-1959*. Stuttgart 1967.

Adenauer, Konrad: *Erinnerungen 1959-1963*. Stuttgart 1968.

Alexander, Robin: *Die Getriebenen*. München 2017.

Alexander, Robin: *Machtverfall*. München 2021.

Allemann, Fritz René: Was kommt nach Adenauer? In: *Der Monat* Nr. 86, November 1955, S. 7ff.

Altmann, Rüdiger: *Die Formierte Gesellschaft*. Stuttgart 1965.

Apel, Hans: *Der Abstieg*. Stuttgart 1990.

Appel, Reinhard: Helmut Schmidt. In: Hans Klein (Hrsg.): *Die Bundeskanzler*. Berlin 1993, S. 291 ff.

Baring, Arnulf: *Machtwechsel*. München 1984.

Baring, Arnulf/Schöllgen, Gregor: *Kanzler, Krisen, Koalitionen*. Berlin 2002.

Barzel, Rainer: *Auf dem Drahtseil*. München/Zürich 1978.

Balabkins, Nicholas: *Germany Under Direct Controls. Economic Aspects of Industrial Disarmament 1945–1948*. New Brunswick 1964.

Bernecker, Walther L.: Willy Brandt. In: Bernecker, Walther L./ Dotterweich, Volker (Hrsg.): *Persönlichkeit und Politik in der Bundesrepublik Deutschland*. Bd. I. Göttingen 1982.

Biermann, Werner: *Konrad Adenauer. Ein Jahrhundertleben*. Berlin 2017.

Boelsch, Hermann Otto/Leicht, Hans Dieter: *Der lange Marsch des Willy Brandt*. Tübingen 1970.

Böhm, Anton: Staat, Mensch und Wohlstand. In: *Die politische Meinung 48*, Mai 1960, S. 3.

Brandt, Willy: Über den Tag hinaus. Hamburg 1974.

Brandt, Willy: *Begegnungen und Einsichten. Die Jahre 1960-1975*. Hamburg 1976.

Brandt, Willy: *Links und frei. Mein Weg 1930-1950*. Hamburg 1982.

Brandt, Willy: *Auf der Zinne der Partei. Parteitagsreden 1960 bis 1983*. Berlin 1984.

Brandt, Willy: *Erinnerungen*. Frankfurt/Main 1989.

Braun, Stefan: Der Sommer der Patriarchin. In: *Süddeutsche Zeitung* 17.07.2014.

Bucerius, Gerd: *Der Adenauer*. Hamburg 1976.

Caro, Michael K.: *Der Volkskanzler. Ludwig Erhard*. Köln 1965.

Diehl, Günter: Kurt Georg Kiesinger. In: Hans Klein (Hrsg.): *Die Bundeskanzler*. Berlin 1993, S. 169 ff.

Dönhoff, Marion Gräfin: Kein Parteigenosse als Kanzler. In: *Die Zeit* 18.11.1966.

Ellwein, Thomas: *Das Regierungssystem der Bundesrepublik Deutschland*. Berlin 1963.

Erhard, Ludwig: *Wohlstand für alle*. Düsseldorf 1957.

Erhard, Ludwig: *Deutsche Wirtschaftspolitik. Der Weg der sozialen Marktwirtschaft*. Düsseldorf 1962.

Erhard, Ludwig: Rede vor dem Plenum des 13. Bundesparteitags der CDU vom 31. März 1965. In: Christlich Demokratische Union Deutschlands (Hrsg.): *13. CDU-Bundesparteitag. Düsseldorf, 28.-31. März 1965* – Niederschrift, S. 700-721.

Feddersen, Jens: Der Bundeskanzler hat noch keinen »Kronprinzen«. In: *Neue Rhein Zeitung* 29.10.1955.

Federicia, Walter: Schlimmes Vakuum – Adenauers Nachfolge muss endlich geklärt werden. In: *Die Zeit* 10.11.1955.

Fischer, Joschka: Goodbye Mutti – Deutschland erlebt das Ende der Ära Merkel. In: *Project Syndicate* 26.03.2021.

Fleischhauer, Jan: Endphase der Kanzlerschaft Merkels. In: *Focus* 08.03.2021.

Fuhrmann, Uwe: *Die Entstehung der »Sozialen Marktwirtschaft« 1948/49. Eine historische Dispositivanalyse*. Konstanz 2017.

Gassert, Philipp: *Kurt Georg Kiesinger 1904-1988. Kanzler zwischen den Zeiten*. München 2006.

Geis, Mathias: Schwach unter Schwachen. In: *Die Zeit* 28.06.2001.

Geißler, Heiner: *Bericht des Generalsekretär auf dem CDU-Bundesparteitag*. Köln 25./26.5.1983.

Genscher, Hans-Dietrich: *Erinnerungen*. Berlin 1995.

Glotz, Peter: *Kampagne in Deutschland. Politisches Tagebuch 1981-1983*. Hamburg 1985.

Grass, Günter: Grass schreibt auch an Kiesinger. In: *Frankfurter Allgemeine Zeitung* 01.12.1966.

Grosser, Alfred: *Der Kanzler*. Bergisch Gladbach 1989.

Gujer, Eric: Das Ende der Ära Merkel. In: *Neue Zürcher Zeitung* 24.11.2017.

Harpprecht, Klaus: *Im Kanzleramt. Tagebuch der Jahre mit Willy Brandt*. Hamburg 2000.

Henkels, Walter: Etzel, ein Kanzler-Kandidat. In: *Der Tag* 19.04.1959.

Henkels, Walter: In der Villa Collina. In: *Frankfurter Allgemeine Zeitung* 15.06.1960.

Hentschel, Volker: *Ludwig Erhard. Ein Politikerleben.* München 1996.

Herrmann, Ulrike: *Deutschland, ein Wirtschaftsmärchen.* Frankfurt am Main 2019.

Hillebrand, Ernst: Nicht weit vom Stamm. In: *Internationale Politik und Gesellschaft* 01.04.2021.

Hirscher, Gerhard /Korte, Karl-Rudolf (Hrsg.): *Aufstieg und Fall von Regierungen. Machterwerb und Machterosion in westlichen Demokratien.* München 2001.

Hock, Fabian: Merkels Erbe in Gefahr. In: *Luzerner Zeitung* 15.03.2021.

Hoeres, Peter: Von der »Tendenzwende« zur »geistig-moralischen Wende«. In: *Vierteljahreshefte für Zeitgeschichte* Band 61, Januar 2013, S. 93-119.

Hoffmann, Christiane: Am Zaun. In: *Der Spiegel* 27.02.2016.

Kaergel, Hans Christoph: *Der Volkskanzler. Das Leben des Führers Adolf Hitler für Jugend und Volk erzählt.* Berlin, Leipzig 1934.

Kiesinger, Kurt Georg: *Dunkle und helle Jahre: Erinnerungen 1904–1958.* Stuttgart 1989.

Kister, Kurt: Es bröckelt. In: *Süddeutsche Zeitung* 30.10.2020.

Klein, Hans: Ludwig Erhard. In: Hans Klein (Hrsg.): *Die Bundeskanzler.* Berlin 1993, S. 95 ff.

Koch, Peter: *Willy Brandt. Eine politische Biografie.* Berlin 1989.

Koerfer, Daniel: *Kampf ums Kanzleramt.* Berlin 1998.

Kohl, Helmut: Herausforderung der Krise. Die Wende bleibt Aufgabe. In: *Die Neue Ordnung 37* (1983), S. 4-13.

Korte, Karl-Rudolf: Konjunkturen des Machtwechsels in Deutschland: Regeln für das Ende der Regierungsmacht? In: *Zeitschrift für Parlamentsfragen* 2000, H. 4, S. 833-857.

Kranz, Matthias: *Die Formierte Gesellschaft. Ein Konzept wider der totalitären Ordnung? Eine Darstellung der Grundprinzipien der »Formierten Gesellschaft« und ein Vergleich dieser*

*Grundprinzipien mit der nationalsozialistischen Volksgemein-
schaftsideologie.* Göttingen 2002.

Kroegel, Dirk: Einen Anfang finden. Kurt Georg Kiesinger in
der Außen- und Deutschlandpolitik der Großen Koalition.
In: *Studien zur Zeitgeschichte 52*, München 1997.

Lindlau, Dagobert (Hrsg.): *Dieser Mann Brandt. Gedanken über
einen Politiker.* München 1972.

Maser, Werner: *Helmut Kohl. Der deutsche Kanzler.* Berlin 1990.

März, Peter: *An der Spitze der Macht. Kanzlerschaften und Wett-
bewerber in Deutschland.* München 2002.

Meier, Andreas: *Hermann Ehlers.* Bonn 1991.

Mierzejewski, Alfred C.: *Ludwig Erhard. Der Wegbereiter der Sozialen Marktwirtschaft.* München 2006.

Morsey, Rudolf: Die Rolle Konrad Adenauers im Parlamentarischen Rat. In: *Vierteljahreshefte für Zeitgeschichte* 1970, Heft
1, S. 62 ff.

Morsey, Rudolf: Die Rhöndorfer Weichenstellung vom 21. August 1949. *Vierjahreshefte für Zeitgeschichte* 1980, Heft 4,
S. 508 ff.

Morsey, Rudolph: *Die Bundesrepublik Deutschland.* München
2000.

Müller, Reinhard: Das Unglück hat 1983 begonnen. In: *Frankfurter Allgemeine Zeitung* 08.08.2005.

Müller, Gebhard: Besprechung in Rhöndorf. In: Rudolf Morsey.
Die Rhöndorfer Weichenstellung vom 21. August 1949. *Vierjahreshefte für Zeitgeschichte* 1980, Heft 4, S. 508 ff.

Müller-Armack, Alfred: *Auf dem Weg nach Europa.* Tübingen,
Stuttgart 1971.

Müller-Armack, Alfred: Wirtschaftslenkung und Marktwirtschaft. Neudruck in: Ders.: *Wirtschaftsordnung und Wirtschaftspolitik. Studien und Konzepte zur Sozialen Marktwirtschaft und zur Europäischen Integration.* Freiburg 1966.

Niclauß, Karlheinz: *Kanzlerdemokratie*. Paderborn 2004.

Oberreuter, Heinrich: Vertrauensfrage. In: Andersen, Uwe/ Wichard Woyke (Hrsg.): *Handwörterbuch des politischen Systems der Bundesrepublik Deutschland*. Heidelberg 2013, S. 557-558.

Osterheld, Horst: Konrad Adenauer. In: Hans Klein (Hrsg.): *Die Bundeskanzler*. Berlin 1993, S. 27-90.

Plickert, Philip (Hrsg.): *Merkel. Eine kritische Bilanz*. München 2017.

Pünder, Hermann: *Von Preußen nach Europa*. Stuttgart 1968.

Rapp, Alfred: *Bonn auf der Waage*. Berlin 1959.

Rheinisch, Thomas: *Europäische Integration und industrielles Interesse*. Stuttgart 1999.

Rühl, Lothar: Etwas Eis, Gentlemen? In: *Der Spiegel* 05.10.1954.

Rusch, Arnold F.: Helmut Kohl und die Vertrauensfrage. In: *Aktuelle Juristische Praxis* 8/2017, S. 1034 f.

Salzmann, Rainer (Hrsg.): *Die CDU/CSU im Parlamentarischen Rat. Sitzungsprotokolle der Unionsfraktion*. Stuttgart 1981.

Schirmer, Andreas: Die Erfindung der Marktwirtschaft. In: *Ludwig-Erhard-Stiftung* 13.09.2017.

Schmid, Carlo: *Erinnerungen*. Bern, München, Wien 1980.

Schmidt, Helmut: Rede vor der SPD-Fraktion am 04.03.2006.

Schmidt, Helmut: *Außer Dienst*. München 2008.

Schröder, Georg: Das große Fragezeichen. In: *Die Welt* 26.10.1955.

Schröder, Gerhard: *Entscheidungen. Mein Leben in der Politik*. Hamburg 2006.

Schwarz, Hans-Peter: *Die Ära Adenauer. Gründerjahre der Republik. 1949–1957*. Stuttgart 1981.

Schwarz, Hans-Peter: *Die Ära Adenauer. Epochenwechsel. 1957–1963*. Stuttgart 1983.

Schwarz, Hans-Peter: *Adenauer. Der Aufstieg. 1876–1952*. Stuttgart 1986.

Schwarz, Hans-Peter: *Adenauer. Der Staatsmann. 1952–1967*. Stuttgart 1991.

Schwarz, Hans-Peter: Woran scheitern deutsche Bundeskanzler? In: Christian Hillgruber/Christian Waldhoff (Hrsg.): *60 Jahre Bonner Grundgesetz – eine geglückte Verfassung?* Bonn 2010, S. 29-52.

Sommer, Theo: Heißer Herbst des Unbehagens. In: *Die Zeit* 17.08.1973.

Spreng, Michael: Kompetenz und keine Konkurrenz. In: *Forschungsjournal Neue Soziale Bewegungen*, Heft 1/2003, S. 62-67.

Sternberger, Dolf: Der Wille des Bundeskanzlers. In: *Die Gegenwart* 8 (1953), S. 498-492.

Strauß, Franz Josef : *Die Erinnerungen*. Berlin 1989.

Streeck, Wolfgang: Die Ära Merkel geht zu Ende, und das ist auch gut so. In: *Frankfurter Allgemeine Zeitung* 16.11.2017.

Teltschik, Horst: *329 Tage. Innenansichten der Einigung*. Berlin 1991.

Wambach, Kai: *Rainer Barzel. Eine Biographie*. Paderborn 2019.

Weber, Petra: *Carlo Schmid*. München 1996.

Wünsche, Horst Friedrich: Die geistigen Grundlagen von Ludwig Erhards Sozialer Marktwirtschaft: Behauptungen und Befunde. In: *Frankfurter Gespräch der Ludwig-Erhard-Stiftung*, 14.12.2015.

Wünsche, Horst Friedrich: *Ludwig Erhards Soziale Marktwirtschaft. Wissenschaftliche Grundlagen und politische Fehldeutungen*. Reinbek 2015.

Zolling, Peter: Hauch von Weimar. In: *Frankfurter Allgemeine Zeitung* 18.09.2005.

Zons, Achim: *Das Denkmal. Bundeskanzler Brandt und die links-liberale Presse*. München 1984.

Zudeick, Peter: Willy Brandt. Ein biographischer Essay. In: Hans Klein (Hrsg.): *Die Bundeskanzler*. Berlin 1993, S. 225 ff.

ANMERKUNGEN

VORWEG

1 Alfred Rapp, Bonn auf der Waage. Berlin 1959, S. 54
2 Dolf Sternberger, Der Wille des Bundeskanzlers. Die Gegenwart 8 (1953), S. 491
3 Thomas Ellwein, Das Regierungssystem der Bundesrepublik Deutschland. Berlin 1963, S. 165
4 Hans-Peter Schwarz, Woran scheitern deutsche Bundeskanzler? In: Christian Hillgruber/Christian Waldhoff (Hrsg.), 60 Jahre Bonner Grundgesetz – eine geglückte Verfassung? Bonn 2010, S. 29-52, hier: S. 31

DER GRÜNDERKANZLER – KONRAD ADENAUER

1 Petra Weber, Carlo Schmid. Eine Biographie. München 1966, S. 352
2 »Auf dem ›Ehrenplatz‹ des Präsidenten glaubten vermutlich nicht wenige Sozialdemokraten, wie es ein ungenanntes Fraktionsmitglied umschrieben hat, den ›unbequemen alten Nörgler‹ Adenauer auf elegante Weise kaltgestellt zu haben.« Rudolf Morsey, Die Rolle Konrad Adenauers im Parlamentarischen Rat. In: Vierteljahreshefte für Zeitgeschichte 1970, Heft 1, S. 62 ff., hier: S. 66
3 Georg Schröder, Das große Fragezeichen. Die Welt 26.10.1955
4 Franz Josef Strauß, Die Erinnerungen. Berlin 1989, S. 101
5 Rainer Salzmann (Hrsg.), Die CDU/CSU im Parlamentarischen Rat. Sitzungsprotokolle der Unionsfraktion: Stuttgart 1981, S. 180

6 Carlo Schmid, Erinnerungen. Bern 1980, S. 356; vgl. Morsey, Die Rolle Konrad Adenauers, S. 92:»Dadurch, dass Adenauer die politischen Möglichkeiten seines Amtes ausschöpfte, gewann er bedeutsamen Prestigezuwachs in der Öffentlichkeit. Der im Vergleich etwa zu Kurt Schumacher oder Ludwig Erhard bis dahin noch weniger bekannte CDU-Vorsitzende entwickelte sich zur politischen Zentralfigur und zu einer international bekannten Persönlichkeit.«

7 Schmid, Erinnerungen, S. 355

8 Zum Herrschen geboren. Der Spiegel vom 13.03.1949

9 Weber, Carlo Schmid, S. 390

10 Allerdings war Adenauers Eintreten für die Marktwirtschaft auch eher taktisch. Vor dem Bundesausschuss der CDU erklärte er am 12.02.1951, dass er die Marktwirtschaft nur so lange befürworten könne, wie sie Erfolge aufweisen könne. Vgl. Daniel Koerfer, Kampf ums Kanzleramt. Berlin 1998, S. 97

11 Konrad Adenauer, Erinnerungen 1945-1953. Stuttgart 1965, S. 224

12 Strauß, Die Erinnerungen, S. 112

13 Gebhard Müller, Besprechung in Rhöndorf. Zitiert in: Rudolf Morsey, Die Rhöndorfer Weichenstellung vom 21. August 1949. Vierjahreshefte für Zeitgeschichte 1980, Heft 4, S. 508 ff., hier: S. 513, dazu Adenauer:»Ich legte den Anwesenden diese meine Gedanken in eindringlicher Form dar. Der Beifall, den ich erhielt, war nicht sehr stark. Die Mehrzahl der Anwesenden hüllte sich in abwartendes Schweigen.« Erinnerungen 1945-1953, S. 227

14 Müller, Besprechung, S. 516

15 Werner Biermann, Konrad Adenauer. Ein Jahrhundertleben. Berlin 2017, S. 309

16 Adenauer, Erinnerungen 1945-1953, S. 228

17 Hermann Pünder, Von Preußen nach Europa. Stuttgart 1968, S. 409; bei seiner Pressekonferenz in Bonn am 23. August erklärte Adenauer, Ludwig Erhard sei in Rhöndorf als Bundeswirtschaftsminister genannt worden.»Dann hat man mich auch dazu bekommen, daß ich Bundeskanzler werden solle.«

18 Müller, Besprechung, S. 527 f.; Franz Josef Strauß schreibt:»Das Protokoll von Gebhard Müller ... ist der Wahrheit angemessener.« Erinnerungen, S. 112

19 Müller, Besprechung, S. 528

20 Adenauer, Erinnerungen 1945-1953, S. 228; vgl. Biermann, Konrad Adenauer, S. 310; Arnulf Baring, Gregor Schöllgen, Kanzler, Krisen, Koalitionen. Berlin 2002, S. 31

21 Horst Osterheld, Konrad Adenauer. In: Hans Klein (Hrsg.), Die Bundeskanzler. Berlin 1993, S. 27-90, hier: S. 37

22 Daniel Koerfer, Kampf ums Kanzleramt, S. 71

23 Andreas Meier, Hermann Ehlers. Bonn 1991, S. 279; vgl. Koerfer, Kampf, S. 71

24 Koerfer, Kampf, S. 69 ff.

25 Hans-Peter Schwarz, Die Ära Adenauer 1949-1957. Stuttgart 1981, S. 19

26 Georg Schröder, Das große Fragezeichen. Die Welt 26.10.1955

27 Fritz René Allemann, Was kommt nach Adenauer? Der Monat Nr. 86, November 1955, S. 7ff.

28 Schröder, Fragezeichen; vgl. Jens Feddersen, Der Bundeskanzler hat noch keinen »Kronprinzen«: Neue Rhein Zeitung 29.10.1955 und Walter Federicia, Schlimmes Vakuum – Adenauers Nachfolge muss endlich geklärt werden. Die Zeit 10.11.1955

29 Lothar Rühl, Etwas Eis, Gentlemen? Der Spiegel 05.10.1954

30 Koerfer, Kampf, S. 83; siehe auch Schwarz, Ära Adenauer, S. 312

31 Der CDU-Abgeordnete Ernst Müller-Hermann schreibt am 08.03.1958 einen Artikel im »Weser-Kurier« mit der Überschrift: »Nachfolge Adenauers wird offen diskutiert«.

32 Deutscher Bundestag, 25.3.1958

33 Diesen Begriff hat Hans-Peter Schwarz geprägt. Schwarz, Adenauer. Der Staatsmann. 1952-1967. Stuttgart 1991, S. 502 ff.

34 »Die Bundespräsidentenkrise wurde so zu einer Kanzler- und einer Parteikrise der CDU/CSU und bildete den Anfang vom Ende der Ära Adenauer.« Koerfer, Kampf, S. 233; zur Präsidentenkrise ausführlich Schmid, Erinnerungen, S. 666-675

35 Schmid, Erinnerungen, S. 669 f.

36 Von dem der Satz kolportiert wird: »Jeder Nachfolger Adenauers ist ein Selbstmörder.« Walter Henkels, Etzel: Ein Kanzler-Kandidat. Der Tag 19.04.1959

37 Adenauer, Erinnerungen 1955-1959, S. 526

38 Adenauer, Erinnerungen, S. 530

39 Adenauer, Erinnerungen, S. 532

40 Adenauer, Erinnerungen, S. 545

41 So kolportiert in der Welt vom 06.06.1959

42 Koerfer, Kampf, S. 335

43 Schwarz, Adenauer 1952-1967, S. 523

44 Koerfer, Kampf, S. 382

45 Walter Henkels, In der Villa Collina. FAZ 15.06.1960

46 Anton Böhm, Staat, Mensch und Wohlstand. Die politische Meinung 48, Mai 1960, S. 3

47 Gerd Bucerius, Der Adenauer. Hamburg 1976, S. 86; siehe auch: Thomas Rheinisch, Europäische Integration und industrielles Interesse. Stuttgart 1999, S. 132-138

48 Alfred C. Mierzejewski: Ludwig Erhard. Der Wegbereiter der Sozialen Marktwirtschaft. München 2006, S. 268 f.; vgl. Koerfer, Kampf, S. 135

49 »Am 4. Dezember stellt sich die Parteispitze der SPD erstmals in der Geschichte der Bundesrepublik zu regulären Koalitionsverhandlungen im Palais Schaumburg ein. Die völlig überraschte deutsche Öffentlichkeit wertet das als einen historischen Vorgang.« Schwarz, Adenauer 1952-1967, S. 805

50 Petra Weber, Carlo Schmid. München 1996, S. 656

51 Hans Peter Schwarz, Die Ära Adenauer 1957-1963 Stuttgart 1983, S. 315.

52 Osterheld, Adenauer, S. 82

53 Osterheld, Adenauer, S. 86

KANZLER OHNE FORTUNE – LUDWIG ERHARD

1 Koerfer, Kampf, S. 605

2 Koerfer, Kampf, S. 175

3 Koerfer, Kampf, S. 768 ff.

4 Vgl. Hans Klein, Ludwig Erhard. In: Hans Klein (Hrsg.), Die Bundeskanzler. Berlin 1993, S. 95 ff., hier: S. 96

5 Norbert Blüm in einem Interview mit mir Februar 1997

6 Ludwig Erhard, Rundfunkansprache 21.06.1948

7 Nicholas Balabkins: Germany Under Direct Controls: Economic Aspects of Industrial Disarmament 1945–1948. New Brunswick 1964, S. 100-103; vgl. Ulrike Herrmann, Deutschland, ein Wirtschaftsmärchen. Frankfurt am Main 2019, S. 45-49

8 Erhard, Wohlstand für alle. Düsseldorf 1957, S. 47

9 Zitiert bei Klein, Bundeskanzler, S. 101; Koerfer, Kampf, S. 795: »Das Werk und die Leistungen der beiden Gründungsväter Konrad Adenauer und Ludwig Erhard gehören untrennbar zusammen – die Ära Adenauer war auch eine Ära Erhard.«

10 Alfred Müller-Armack, Wirtschaftslenkung und Marktwirtschaft. Neudruck in: Ders., Wirtschaftsordnung und Wirtschaftspolitik.

Studien und Konzepte zur Sozialen Marktwirtschaft und zur Europäischen Integration. Freiburg 1966, S. 236

11 In einem Interview mit mir Januar 1997. Vgl. Volker Hentschel, Ludwig Erhard. Ein Politikerleben. München 1996

12 Vgl. Andreas Schirmer, Die Erfindung der Marktwirtschaft. Ludwig-Erhard-Stiftung 13.9.2017; Horst Friedrich Wünsche, Die geistigen Grundlagen von Ludwig Erhards Sozialer Marktwirtschaft: Behauptungen und Befunde. Frankfurter Gespräch der Ludwig-Erhard-Stiftung, 14. Dezember 2015; ders., Ludwig Erhards Soziale Marktwirtschaft. Wissenschaftliche Grundlagen und politische Fehldeutungen, Reinbek 2015

13 Zur Rolle Erhards im »Dritten Reich«: Herrmann, Wirtschaftsmärchen, S. 58-69; vgl. Hentschel, Ludwig Erhard, S. 24

14 Bundestag 9.2.1950

15 Wieder abgedruckt in: Ludwig Erhard, Deutsche Wirtschaftspolitik. Der Weg der sozialen Marktwirtschaft. Düsseldorf 1962, S. 303; leicht verändert aufgenommen in: Erhard, Wohlstand für alle, S. 247

16 Diese Formel benutzt er auch in seiner Regierungserklärung am 18.10.1963

17 Erhard, Rundfunkansprache 21.03.1962

18 Bemerkenswert, dass weder Erhard noch seine Entourage Bedenken gegen den Begriff »Volkskanzler« hatten, der eigentlich von den Nazis besetzt war. Die NSdAP-Propaganda hatte diesen »Titel« mit großem Aufwand und durchschlagendem Erfolg für Adolf Hitler eingeführt.

19 Alfred Müller-Armack, Auf dem Weg nach Europa. Tübingen, Stuttgart 1971, S. 246

20 Carlo Schmid, Erinnerungen. Bern, München, Wien 1980, S. 763

21 Schmid 1980, S. 759

22 »Ludwig Erhard legte in den ersten Wochen seiner Kanzlerschaft ein atemberaubendes Tempo vor.« Klein, Ludwig Erhard, S. 120

23 Matthias Kranz, Die Formierte Gesellschaft. Göttingen 2002, S. 6

24 Erhard auf dem CDU-Parteitag 31.03.1965, Protokoll, S. 707

25 Klein, Ludwig Erhard, S. 149

26 Rüdiger Altmann, Die Formierte Gesellschaft. Stuttgart 1965, S. 7

27 Koerfer, Kampf, S. 793

28 Klein, Erhard, S. 159

29 Erhard hatte schon drei Tage vorher in Wanne-Eickel gegen Demonstranten der Jugendorganisation »Falken« gewettert und sie »Uhus« genannt. Entweder war ihm der Name Falken nicht einge-

fallen, oder er wollte die Falken mit »Uhus« veralbern. In Gelsenkirchen blieb er dann bei »Uhus«.

30 »Das Ende der Regierung Erhard kam schneller als erwartet, wenngleich sich die Zerfallserscheinungen schon lange abzeichneten.« Weber, Carlo Schmid, S. 703. Weber ist auch der Meinung, dass in der Bevölkerung ein »radikaler Stimmungswechsel gegen die Regierung« einsetzte.

31 Koerfer 1998, S. 794

32 Heinrich Oberreuter, Vertrauensfrage. In: Andersen, Uwe/Wichard Woyke (Hrsg.): Handwörterbuch des politischen Systems der Bundesrepublik Deutschland. Heidelberg 2013, S. 557-558, hier: S. 558

33 Koerfer, Kampf, S. 794

KANZLER AUF ZEIT – KURT GEORG KIESINGER

1 Günter Diehl, Kurt Georg Kiesinger. In: Klein 1993, S. 169 ff., hier: S. 190

2 »Kiesinger hat tagelang mit sich gerungen und dabei entsetzlich gelitten.« Diehl, Kiesinger, S. 193

3 Helmut Schmidt, Rede vor der SPD-Fraktion am 03.04.2006

4 Kiesinger, Dunkle und Helle Jahre. Stuttgart 1989, S. 168

5 »Wie sollen wir der gefolterten, ermordeten Widerstandskämpfer, wie sollen wir der Toten von Auschwitz und Treblinka gedenken, wenn Sie, der Mitläufer von damals, es wagen, heute hier die Richtlinien der Politik zu bestimmen?« Günter Grass, Grass schreibt auch an Kiesinger. FAZ 01.12.1966

6 Dönhoff, Marion Gräfin: Kein Parteigenosse als Kanzler. Zeit 18.11.1966

7 Zitiert in: Dirk Kroegel, Einen Anfang finden. Kurt Georg Kiesinger in der Außen- und Deutschlandpolitik der Großen Koalition. Studien zur Zeitgeschichte 52, München 1997, S. 29; vgl. Diehl, Kiesinger, S. 194

8 Helmut Schmidt, Rede vor der SPD-Bundestagsfraktion 03.04.2006

9 SPD-Parteitag 23.11.1964

10 Schmid, Erinnerungen, S. 792

11 Bundestag, 13.12.1966

12 Diehl, Kiesinger, S. 207

13 SPD-Fraktionssitzung, 26./27.11.1966
14 Spiegel 10.09.1967
15 Kanzler 69, Der Spiegel 24.08.1965
16 Diehl, Kiesinger, S. 207
17 Siehe unten S. 80
18 Barzel am 28.09.1969 im Ersten Deutschen Fernsehen
19 Willy Brandt, Über den Tag hinaus. Hamburg 1974, S. 32
20 Brandt, Über den Tag hinaus, S. 32
21 Arnulf Baring, Machtwechsel. München 1984, S. 175

DER MANN DER OSTVERTRÄGE – WILLY BRANDT

1 Das Folgende ist eine Überarbeitung meines biographischen Essays über Willy Brandt in: Hans Klein (Hrsg.), Die Bundeskanzler. Berlin 1993, S. 225 ff.
2 Mann in Orange. Der Spiegel 23.03.1969
3 Kanzler 69. Der Spiegel 24.08.1965
4 Mann in Orange, Der Spiegel 23.03.1969
5 Mann in Orange, a.a.O.
6 Willy Brandt, Erinnerungen. Frankfurt 1989, S. 186
7 Achim Zons, Das Denkmal. Bundeskanzler Brandt und die linksliberale Presse. München 1984, S. 39; vgl. Karlheinz Niclauß, Kanzlerdemokratie. Paderborn 2004, S. 133 f.
8 Willy Brandt, Begegnungen und Einsichten. Hamburg 1976, S. 525. Ähnlich in: Brandt, Erinnerungen. Frankfurt/Main 1989, S. 214
9 Rainer Barzel, Auf dem Drahtseil, München/Zürich 1978, S. 60
10 Herbert Wehner in der NDR-Sendung »Zeugen der Zeit« vom 5.1.1980
11 Wehner, a.a.O.; vgl. Baring, Machtwechsel, S. 422 ff.; Kai Wambach, Rainer Barzel. Eine Biographie. Paderborn 2019, S. 513 ff.
12 Brandt, Über den Tag hinaus, S. 39
13 Bundestags-Entschließung vom 17.05.1972
14 Zum Problem der »unechten« Vertrauensfrage s.u., S. 160 ff.
15 Heinrich Böll in: Dagobert Lindlau (Hrsg.), Dieser Mann Brandt. Gedanken über einen Politiker. München 1972, S.37 ff., hier S.39
16 Willy Brandt, Links und frei. Mein Weg 1930-1950. Hamburg 1982, S. 182
17 Brandt, Über den Tag hinaus, S. 437 f.

18 Brandt, Über den Tag hinaus, S. 51
19 Brandt, Über den Tag hinaus, S. 53
20 Theo Sommer, Heißer Herbst des Unbehagens. Die Zeit 17.08.1973
21 Kanzler in der Krise, Der Spiegel 09.12.1973
22 Der Spiegel 07.10.1973
23 Der Spiegel 10.02.1974
24 Baring, Machtwechsel, S. 702
25 Helmut Schmidt, Die SPD ist keine Seminareinrichtung. In: Schmidt, Kontinuität und Konzentration. Bonn 1976, S. 62 ff.; vgl. Baring, Machtwechsel, S. 705 ff.
26 Brandt, Über den Tag hinaus, S. 168; zum Ablauf der Ereignisse ausführlich: Brandt, Erinnerungen, S. 315 ff.
27 Brandt, Über den Tag hinaus, S. 172
28 Brandt, Über den Tag hinaus, S. 177
29 Noch rund zwanzig Jahre später sagt Schmidt:»Auch nach meiner heutigen Meinung wäre der Anlass dafür nicht ausreichend gewesen. Wenn Brandt hätte bleiben wollen, hätte er bleiben können. ... Aber Brandt wollte nicht mehr.« Reinhard Appel, Helmut Schmidt, in: Klein, Die Bundeskanzler, S. 301 f.
30 Herbert Wehner in der SPD-Fraktionssitzung am 7.5.1974, SPD-Fraktionsprotokoll, S. 6
31 Brandt, Ich blicke nicht im Zorn zurück. Der Spiegel 13.05.1984
32 Brandt, Erinnerungen, S. 339
33 Brandt, Erinnerungen, S. 339
34 Klaus Harpprecht, Im Kanzleramt. Tagebuch der Jahre mit Willy Brandt. Hamburg 2000, S. 434

DER MACHER – HELMUT SCHMIDT

1 Schmidt im Interview mit Reinhard Appel in: Klein 1993, S. 291 ff., hier: S. 303
2 Schmidt, a.a.O.
3 Niclauß, Kanzlerdemokratie, S. 180
4 Niclauß, Kanzlerdemokratie, S. 182
5 Schmidt in Klein, Die Bundeskanzler, S. 310
6 Der Spiegel 24.04.1977
7 Schmidt in Klein, Bundeskanzler, S. 309
8 Schmidt a.a.O.
9 Schmidt in: Klein, Bundeskanzler, S. 312

10 Schmidt, a.a.O.

11 Peter Glotz, Kampagne in Deutschland. Politisches Tagebuch 1981-1983. Hamburg 1985, S. 91

12 Hans Apel, Der Abstieg. Stuttgart 1990, S. 208

13 In einem Interview mit der Zeit vom 07.05.1982

14 Glotz, Kampagne in Deutschland, S. 164

15 Glotz, Kampagne in Deutschland, S. 183

KANZLER DER EINHEIT – HELMUT KOHL

1 Hans-Dietrich Genscher, Erinnerungen. Berlin 1995, S. 400

2 Zur Problematik der Vertrauensfrage s.u., S. 160 ff.

3 Peter Hoeres, Von der »Tendenzwende« zur »geistig-moralischen Wende«. Vierteljahreshefte für Zeitgeschichte Band 61, Januar 2013, S. 93-119; hier: S. 105

4 Helmut Kohl, Herausforderung der Krise. Die Wende bleibt Aufgabe, in: Die Neue Ordnung 37 (1983), S. 4-13, hier S. 6

5 FAZ 15.03.1983

6 CDU-Parteitag 25./26.05.1983

7 Hoeres, Tendenzwende, S. 110

8 Typisch der Artikel von Johann Georg Reißmüller in der FAZ vom 06.09.1984: Wo alles beim alten bleibt.

9 Konrad Adam, Kohl und die geistig-moralische Wende. In: Reinhard Appel (Hrsg.), Helmut Kohl im Spiegel seiner Macht. Bonn 1990, S. 21-31.

10 Heiner Geißler, Bericht des Generalsekretärs auf dem CDU-Bundesparteitag 25./26.05.1983

11 Stern vom 09.01.1997

DER AGENDA-MANN – GERHARD SCHRÖDER

1 Arnulf Baring, Gregor Schöllgen, Kanzler, Krisen, Koalitionen. Berlin 2002, S. 282

2 Gerhard Schröder, Entscheidungen. Mein Leben in der Politik. Hamburg 2006. S. 105

3 Schröder, Entscheidungen, S. 107

4 Baring/ Schöllgen, Kanzler, Krisen, Koalitionen, S. 286

5 Schröder, Entscheidungen, S. 115
6 Dazu ausführlich Niclauß, Kanzlerdemokratie, S. 316 ff.
7 Niclauß, S. 317
8 Schröder im Bundestag, 12.09.2001
9 Schröder, Entscheidungen, S. 185
10 Schröder, Entscheidungen, S. 185
11 Niclauß, Kanzlerdemokratie, S. 321
12 Michael Spreng, Kompetenz und keine Konkurrenz. Forschungs-journal Neue Soziale Bewegungen, Heft 1/2003, S. 62-67
13 Niclauß, Kanzlerdemokratie, S. 327
14 Schröder, Entscheidungen, S. 445
15 Schröder, Entscheidungen, S. 446
16 Bundesverfassungsgericht, Urteil des Zweiten Senats vom 16.02.1983, S. 37
17 Reinhard Müller, Das Unglück hat 1983 begonnen. FAZ 08.08.2005.
18 Bundesverfassungsgericht, Urteil des Zweiten Senats vom 25.08.2005, S. 29
19 Peter Zolling, Hauch von Weimar. FAZ 18.09.2005.
20 Tatsächlich hatte Franz Müntefering, damals Partei- und Fraktions-vorsitzender, noch in der Debatte vor der Vertrauensabstimmung Schröder noch einmal ausdrücklich des Vertrauens der Fraktion versichert.
21 Schröder, Entscheidungen, S. 488
22 Schröder, Entscheidungen, S. 489

CHRONISCH UNTERSCHÄTZT – ANGELA MERKEL

1 »Jetzt wird das Mädchen erstmals halbwegs mit dem Ernst des Le-bens konfrontiert«, soll Kohl damals gesagt haben.
2 Kohl hat im Oktober 2005 in einem Interview behauptet, der da-malige Bundespostminister Wolfgang Bötsch habe Merkel als Ers-ter »Mädchen« genannt.
3 FAZ 22.12.1999
4 Mathias Geis, Schwach unter Schwachen. Die Zeit 28.06.2001
5 Der Spiegel 07.10.2002
6 Der Spiegel 07.10.2002
7 Karl Feldmeyer in einem Interview mit mir im Juli 2004
8 Karl Feldmeyer im Interview Juli 2004

9 Mainpost 10.07.2019

10 Statista Research 21.05.2021

11 Stefan Braun, Der Sommer der Patriarchin. SZ 17.07.2014

12 Merkel, Rede vor dem Deutschen Atomforum 01.07.2009

13 Merkel am 06.09.2010 in der Bundespressekonferenz Berlin

14 Merkel am 15.04.2011

15 Zeitlicher Ablauf: Ankündigung Moratorium 14.03., Ankündigung Ausstieg 15.04., Landtagswahl Bremen 22.03, Baden-Württemberg 24.03., Ausstiegsbeschluss 30.06., Landtagswahl Berlin 18.09.2011

16 Robin Alexander, Die Getriebenen. München 2017, S. 59

17 Merkel bei einer Pressekonferenz mit Österreichs Kanzler Faymann im Bundeskanzleramt, 15.09.2015

18 Christiane Hoffmann, Am Zaun. Der Spiegel 27.02.2016

19 Tagesspiegel 05.03.2021

20 Robin Alexander, Machtverfall. München 2021

21 Annegret Kramp-Karrenbauer am 27.05.2019 im Konrad-Adenauer-Haus Berlin

22 Fabian Hock, Merkels Erbe in Gefahr. Luzerner Zeitung 15.03.2021

23 Jan Fleischhauer, Endphase der Kanzlerschaft Merkels. Focus 08.03.2021

24 Ernst Hillebrand, Nicht weit vom Stamm. IPG 01.04.2021. Hillebrand ist Büroleiter der Friedrich-Ebert-Stiftung in Warschau.

25 Eric Gujer, Das Ende der Ära Merkel. NZZ 24.11.2017

26 Wolfgang Streeck, Die Ära Merkel geht zu Ende, und das ist auch gut so. FAZ 16.11.2017

27 Kurt Kister, Es bröckelt. SZ 30.10.2020

28 Joschka Fischer, Goodbye Mutti – Deutschland erlebt das Ende der Ära Merkel. Project Syndicate 26.03.2021

ERBSCHAFTEN

1 Schwarz, Woran scheitern deutsche Bundeskanzler, S. 50

2 Bundestag 4. Wahlperiode, 86. Sitzung, 15.10.1963

3 Klein, Ludwig Erhard, S. 163

4 Philipp Gassert, Kurt Georg Kiesinger 1904-1988. Kanzler zwischen den Zeiten. München 2006

5 »Er war bislang der einzige Kanzler, der noch viele Jahre nach dem Verlust sowohl seiner Kanzlerschaft (1974) als auch der Regie-

rungsmehrheit (1982) als Parteivorsitzender turnusmäßig wieder gewählt wurde – immerhin bis 1984.« Karl-Rudolf Korte: Konjunkturen des Machtwechsels in Deutschland. Regeln für das Ende der Regierungsmacht? In: Zeitschrift für Parlamentsfragen 2000, H. 4, S. 833-857, hier: S. 846

6 Helmut Schmidt, Außer Dienst. München 2008, S. 153

7 Harpprecht, Im Kanzleramt, S. 434

8 Merkel auf der Festveranstaltung zum 30. Jahrestag der Wahl von Helmut Kohl zum Bundeskanzler, 27.09.2012 in Berlin

ISBN: 978-3-86489-331-5
224 Seiten
Auch als eBook erhältlich

Mehr Mut!

Wo ist die politische Phantasie geblieben? Wo
die Vision, die Utopie? Die fatalen Folgen der
politischen Ideenlosigkeit werden durch die drohende
Klimakatastrophe, den neoliberalen Sozialraub und
die internationale Entsolidarisierung heute sichtbarer
denn je. Die gute Nachricht: Der Verlust der politischen
Phantasie, der in den letzten Jahrzehnten schleichend
um sich gegriffen hat, ist kein natürlicher oder
selbstverständlicher Prozess. Er ist umkehrbar. Nina
Horaczek und Walter Ötsch streiten für eine neue,
partizipativere Politik und eine Redemokratisierung
der Gesellschaft. Das Ziel ist nicht eine Abwendung von
der Politik, sondern ein neuer Schritt zu einer besseren
Politik. Nicht von oben, sondern von unten.

ISBN: 978-3-86489-298-1
188 Seiten
Auch als eBook erhältlich

Bringt der Mittelweg den Tod?

Extremistische Regime der Mitte stehen für globale
Erwärmung und massives Artensterben, sie vergrößern die
Kluft zwischen den sehr Armen und den sehr Reichen und
propagieren ihr Verhältnis zur Welt als das einzig maßgebliche
unter den verschiedenen Kulturen und Glaubenssystemen.
Paradigma-tisch hierfür stehen die Förderung der Gewinn
maximierung, Steueroasen im Ausland, Umwandlung
ökologischer Standards, politische Lippenbekenntnisse,
Rückbau des Sozialstaats, Minimierung der Rechte zum
Schutz der Arbeitnehmer. Alain Deneault stellt sich gegen
diese Politiken der extremen Mitte und zeigt Alternativen –
gegen das Erstarken von Extremen, gegen eine sinn- und
ideenlose Technokratie, die die Welt geradewegs in den
Abgrund führt, und für die Nutzung des eigenen Verstandes!